ŒUVRES COMPLÈTES
DE
EUGÈNE SCRIBE

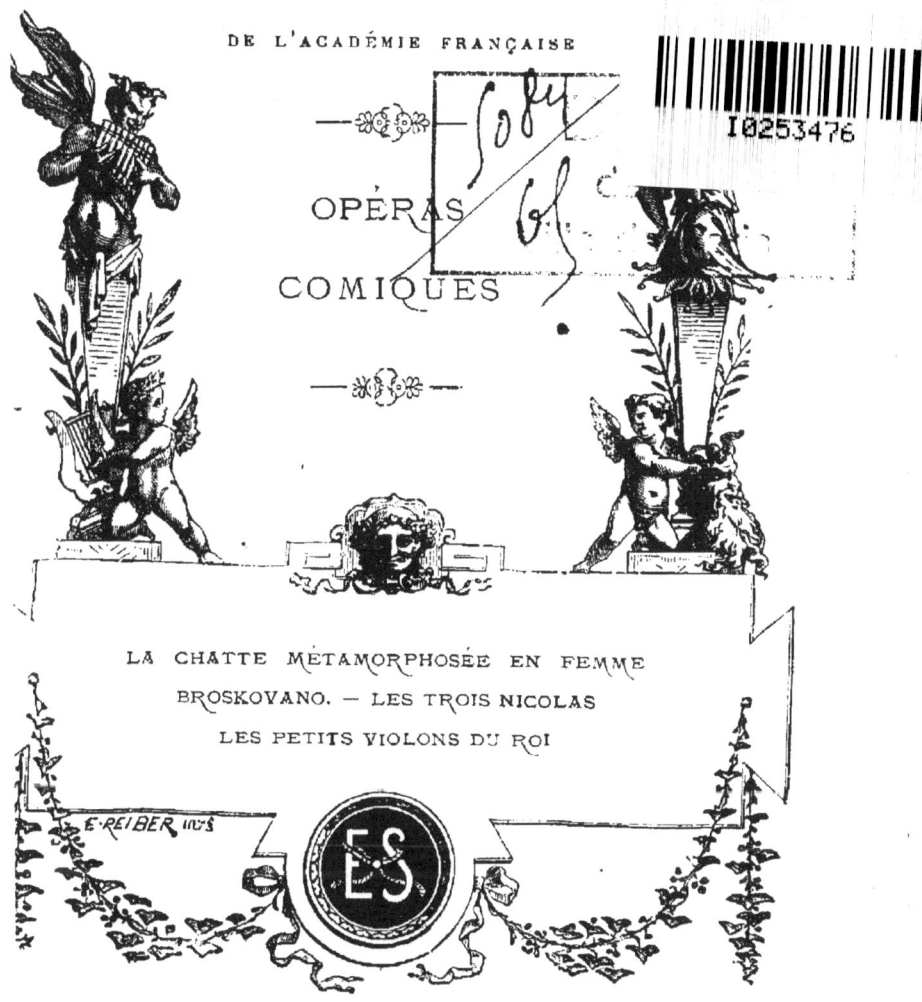

DE L'ACADÉMIE FRANÇAISE

OPÉRAS COMIQUES

LA CHATTE MÉTAMORPHOSÉE EN FEMME
BROSKOVANO. — LES TROIS NICOLAS
LES PETITS VIOLONS DU ROI

PARIS
E. DENTU, LIBRAIRE-ÉDITEUR
PALAIS-ROYAL, 17-19, GALERIE D'ORLÉANS.

1880

Soc. an. d'imp. P. DUPONT, D^r. Paris. — (Cl.) 212.4.80.

ŒUVRES COMPLÈTES

DE

EUGÈNE SCRIBE

DE L'ACADÉMIE FRANÇAISE

RÉSERVE DE TOUS DROITS

DE PROPRIÉTÉ LITTÉRAIRE

En France et à l'Étranger

LA CHATTE
MÉTAMORPHOSÉE EN FEMME

OPÉRA-COMIQUE EN UN ACTE

En société avec M. Mélesville

MUSIQUE DE J. OFFENBACH.

THÉATRE DES BOUFFES-PARISIENS. — 19 AVRIL 1858.

PERSONNAGES.	ACTEURS.
GUIDO, fils d'un négociant de Trieste.	MM. TAYAU.
DIG-DIG, jongleur indien	DÉSIRÉ.
MARIANNE, gouvernante de Guido.	Mlles MACÉ.
MINETTE, chatte de Guido.	TAUTIN.

A Biberach, en Souabe.

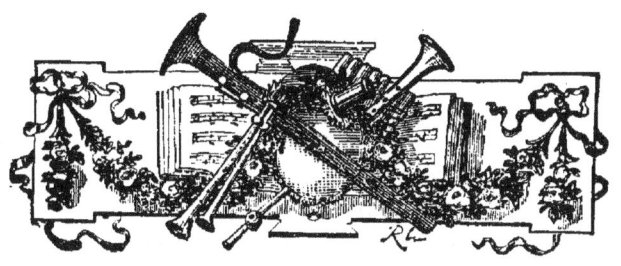

LA CHATTE
MÉTAMORPHOSÉE EN FEMME

La chambre de Guido. — Au fond, une alcôve, avec une petite croisée élevée, contre laquelle est un lit de repos, caché par deux rideaux. A droite de l'acteur, une table, sur laquelle est un coffre de moyenne grandeur. Au-dessus de la table, une cage accrochée à la muraille. Deux portes latérales : à gauche, la porte d'entrée ; à droite, celle qui est censée conduire dans une autre chambre.

SCÈNE PREMIÈRE.

MARIANNE, seule, assise auprès de la table et tricotant ; elle tient sur ses genoux une chatte blanche endormie.

Notre maître ne revient pas !... Depuis ce matin qu'il court toute la ville de Biberach, il n'aura rien trouvé, c'est sûr !... Pauvre Guido ! le plus beau jeune homme de toute la Souabe... Un jeune homme si bon, si aimable, qui avait tant d'amis, quand il avait de l'argent !... ils sont tous partis ; et de tous ceux qui dînaient à la maison, il n'est resté que notre chatte... cette pauvre Minette, qui dort là, sur mes genoux, et dont il faudra se séparer aussi ! La cuisinière du gouverneur m'en a déjà offert trois florins, que j'ai refusés!... trois florins!... la fourrure seule vaut cela... sans compter son caractère! Est-ce pour elle?... car cependant je serai bien obligée d'en venir là... par intérêt... nous n'avons pas même de quoi la nourrir... Entends-tu, Minette, tu ne seras pas à plaindre... c'est moi! parce que les chattes c'est la passion des vieilles gouvernantes... et, depuis la mort de mon mari, je peux dire... foi d'honnête femme, que c'est le seul attachement que je me sois permis.

(Elle a été placer Minette endormie sur le lit de repos dont un des rideaux seulement est entr'ouvert, de manière que la chatte n'est plus vue des spectateurs.)

COUPLETS.

Premier couplet.

Le ciel voulut, dans sa sagesse,
Que notre cœur en tout temps s'attachât.
Jeune, on est tendre, et quand vient la vieillesse,
Afin d'aimer, on aime encor son chat!
Des chats pourtant le naturel est traître,
   Ils trompent qui sait les chérir,
C'est pour cela qu'on les aime peut-être :
   Des amants c'est un souvenir !

Deuxième couplet.

Las! pauvres femmes que nous sommes,
Toujours victim's de nos attachements,
Nous écoutons les fleurettes des hommes
Qui dans un jour font mille autres serments.
Comm' ces messieurs, les chats, par la fenêtre,
   Se sauv'nt pour ne plus revenir.
C'est pour cela qu'on les aime peut-être :
   Des amants c'est un souvenir ;
Oui, pour cela, nous les aimons peut-être :
   Des amants c'est un souvenir !

GUIDO, en dehors.

Marianne! Marianne!

MARIANNE.

Ah! mon Dieu! c'est notre maître!... ne lui parlons pas de l'idée de vendre Minette ; car il l'aime tant qu'il se laisserait plutôt mourir de faim.

GUIDO, en dehors.

Marianne! Marianne!

MARIANNE va ouvrir.

Voilà... voilà!...

SCÈNE II.

MARIANNE, GUIDO.

GUIDO.

C'est heureux!... j'ai cru que vous aussi, Marianne, vous alliez me laisser à la porte.

MARIANNE.

C'est que j'avais peur de réveiller Minette.

GUIDO, d'un air sombre.

Pauvre petite!... elle dort?... elle fait bien!... et moi aussi, je voudrais dormir... dormir toujours!... d'abord, qui dort dîne... c'est une économie; et puis on a un autre plaisir plus vif encore s'il est possible...

MARIANNE.

Et lequel?

GUIDO.

C'est de ne plus voir les hommes!... et dans mon état de misanthropie, Marianne, je ne peux plus les envisager.

MARIANNE.

Est-il possible! Vous n'avez donc rien obtenu des débiteurs de votre père?

GUIDO.

Ah! bien oui... Si tu avais vu les mines allongées qu'ils

m'ont faites!... L'un ne me reconnaissait pas!... L'autre avait fait de mauvaises affaires!... puis ils disparaissaient... impossible de les rejoindre... car, depuis qu'ils ont eu des malheurs, tous mes débiteurs ont voiture! et moi, je suis à pied!

MARIANNE.

Mais pourquoi avoir refusé d'écrire à votre oncle, qui habitait cette ville et qui était riche?

GUIDO, vivement.

Mon oncle, Marianne... Je vous ai défendu de prononcer son nom devant moi!... C'est lui... c'est cet honnête négociant qui a ruiné mon père avec ses comptes... à parties doubles... D'ailleurs, il aurait eu de la peine à me répondre... puisqu'il est mort...

MARIANNE.

Il fallait s'adresser à son intendant, monsieur Schalgg.

GUIDO.

Cet astucieux personnage... qui, quand j'étais petit... s'amusait toujours à mes dépens?... M'a-t-il attrapé des fois, celui-là!... mais il ne m'y reprendra plus.

MARIANNE.

Mais au moins, votre jeune cousine, avec laquelle autrefois vous avez été élevé, et qui est, dit-on, si espiègle, si maligne, et pourtant si bonne?... elle voulait réparer les torts de son père... elle vous avait fait proposer sa main... elle a tout tenté pour vous voir... vous avez toujours refusé.

GUIDO.

Et je refuserai toujours.

MARIANNE.

Et pourquoi, je vous le demande?

GUIDO.

Pour deux raisons... la première, je te l'ai déjà dite, parce que je suis misanthrope; et la seconde...

MARIANNE.

Eh bien?

GUIDO.

Je ne te la dirai pas.

MARIANNE.

Alors, c'est comme si vous n'en aviez qu'une.

GUIDO.

Ma seconde raison... et c'est la plus forte... c'est que j'ai une passion dans le cœur.

MARIANNE.

Et pour qui, grand Dieu? Pour quelque jeune demoiselle?...

GUIDO, d'un air sombre.

Non.

MARIANNE.

Pour quelque veuve?

GUIDO.

Non.

MARIANNE.

O ciel! c'est pour quelque femme mariée?...

GUIDO, avec effort.

Non... mais tu ne le sauras jamais, ni toi ni personne au monde!... Moi qui te parle, je ne suis pas même sûr de le savoir.

MARIANNE.

C'est donc quelque chose de bien terrible?

GUIDO.

Si terrible... que, vois-tu, Marianne, je serais amoureux de toi si c'était possible, je mets tout au pis, que ça ne serait rien auprès!...

MARIANNE.

Qu'est-ce que ça signifie?

GUIDO.

Brisons là... Marianne, de deux choses l'une : ou tu me comprends, et alors nous nous entendons; ou bien, tu ne me comprends pas, et alors nous sommes d'accord, parce que je ne me comprends pas moi-même.

MARIANNE.

Ah! mon Dieu! mon Dieu! Vous qui êtes un si bon jeune homme, faut-il vous voir perdre ainsi l'esprit!

GUIDO, froidement.

Je n'ai rien perdu, Marianne... mais laisse-moi seul... laisse-moi nourrir mes rêveries et ma mélancolie.

(Il s'assied à gauche.)

MARIANNE.

Oui, monsieur... nourrissez-vous.

(Elle va prendre un panier dans le fond.)

GUIDO.

A propos de ça, qu'est-ce que tu as pour déjeuner?

MARIANNE, revenant à la gauche de Guido.

Hélas! je n'ai rien.

GUIDO.

Pour nous deux?

MARIANNE.

Oui, monsieur.

GUIDO.

Ça suffit, je n'en demande pas davantage... (Avec sentiment.) Tâche seulement que la meilleure part soit pour Minette.

MARIANNE.

Comment! monsieur...

GUIDO.

Moi, j'ai des idées de philosophie qui me soutiennent... mais elle... pauvre petite!... Occupe-toi de sa pâtée... c'est l'essentiel.

MARIANNE.

Oui, monsieur... (A part.) Oh! je n'y tiens plus... je vais retrouver la cuisinière du gouverneur, et vendre cette pauvre chatte.

(Elle sort par la porte à gauche de l'acteur.)

SCÈNE III.

GUIDO, seul.

Elle est sortie!... elle me laisse enfin... et maintenant que je suis seul... dirai-je la cause de mes tourments? (S'avançant au bord du théâtre comme pour parler, et s'arrêtant.) Non... je ne la dirai pas, et l'objet même de cette passion folle, désordonnée, absurde... l'ignorera toujours!... (S'approchant du lit de repos qui est au fond.) Elle est là... qu'elle est gracieuse et gentille! Sa petite tête posée sur sa petite patte!... Pauvre petite Minon!... petit l'amour!... (Douloureusement.) Elle ne me répond pas... est-ce qu'elle est morte? Minette, oh! dieux !... Minette... non... non... (Passant la main sur sa tête et sur sa bouche.) Elle a fait comme ça... puis comme ça!... On vient. (Fermant les deux rideaux.) Dieux!... Si l'on m'avait vu... il n'en faudrait pas davantage pour compromettre... (Apercevant Dig-Dig.) Un étranger! quelle drôle de figure, et quel diable de costume!

SCÈNE IV.

GUIDO, DIG-DIG, en Indien.

DIG-DIG, saluant à l'orientale.

N'est-ce point au jeune Guido que j'ai l'honneur de parler?

GUIDO.

A lui-même!... je suis ce jeune Guido.

1.

DIG-DIG, à part.

Il m'a l'air aussi naïf qu'autrefois, et je crois que je pourrai...

GUIDO.

Mais on n'entre pas ainsi chez les gens, quand on ne les connaît pas.

DIG-DIG, d'un ton mielleux.

La connaissance sera bientôt faite, ô mon fils... et vous ne vous repentirez point de ma visite!... Mon costume vous indique assez que je ne suis point Européen... Je suis Indien... Votre père a fait autrefois des affaires avec des négociants de la Compagnie des Indes, mes compatriotes, et...

GUIDO, à part.

Je vois ce que c'est... quelques lettres de change arriérées... (Haut.) Monsieur, j'ai renoncé au commerce des hommes, et surtout aux hommes de commerce, et si c'est de l'argent à donner...

DIG-DIG, lui présentant une bourse.

Au contraire... c'est une centaine de florins à recevoir... d'un Indien comme moi... débiteur de votre père!

GUIDO.

Qu'est-ce que vous me faites l'honneur de me dire?...

DIG-DIG.

Cela vous déride, ô mon fils!... Le monde entier en est là.

(Faisant sonner la bourse.)

COUPLETS.

Premier couplet.

Tin, tin, tin, tin,
Joyeux tocsin!
Que veut l'Indien,
Ou l'Italien,
Le Péruvien,

Le Parisien,
L'épicurien,
Le bohémien,
Et le chrétien
Et le païen?...
(Faisant sonner la bourse.)
Tin, tin, tin, tin!
Contre les maux de la vie,
La fièvre ou la calomnie,
La bonne philosophie
Et le meilleur médecin...
C'est..
(Faisant sonner la bourse.)
Tin, tin, tin, tin!
Que ce doux tocsin
Résonne un matin,
Tin, tin, tin, tin,
Il chasse soudain
Misère et chagrin!

(Toutes les fois que Dig-Dig fait sonner la bourse, Guido avance la main pour la prendre. Dig-Dig la retire aussitôt, ce jeu continue pendant le second couplet.)

Deuxième couplet.

Tin, tin, tin, tin,
Joyeux tocsin!
Jeune tendron
A l'œil fripon
Vous fait faux bond
Pour un doublon!
Au sol fécond
De l'Orégon
Que cherchait donc
Christoph' Colomb?
(Faisant sonner la bourse.)
Tin, tin, tin, tin!
Au diable la gloriole,
L'amour et la faribole!
La véritable boussole

> Qui gouverne le destin,
> C'est...
>
> (Faisant sonner la bourse.)
> Tin, tin, tin, tin!
> Que ce doux tocsin
> Résonne un matin,
> Tin, tin, tin, tin,
> Il chasse soudain
> Misère et chagrin!

(Il lui donne la bourse.)

Voilà.

GUIDO.

Ma foi, c'est bien de l'argent qui m'arrive de l'autre monde... Mettons cela dans ma caisse. (Il met la bourse que lui a donnée Dig-Dig dans le coffre qui est sur la table.) Ce n'est pas la place qui manque!... Ah! monsieur est Indien!.. Et comment vous trouvez-vous en Allemagne?... en Souabe?...

DIG-DIG.

Mon fils, l'homme est un voyageur... Tel que vous me voyez, je suis né dans le royaume de Cachemire... Mon père, qui était un bonze de troisième classe, m'avait placé dans le temple de Kandahar auprès du grand Gouron de Cachemire.

GUIDO, avec respect.

Auprès du grand Gouron!... Il a vu le Gouron... Vous avez vu le Gouron...

(Il baise la manche de Dig-Dig.)

DIG-DIG.

Très-souvent; mais l'amour des voyages m'a pris... J'ai vu la France... J'ai vu Paris.

GUIDO.

Beau pays! pour un savant tel que vous!...

DIG-DIG.

Pays superbe! où je serais mort de faim, si je ne m'étais

rappelé les tours d'adresse que l'on possède dans notre patrie... et sous le nom de Dig-Dig, jongleur indien... car dans ce pays tous les jongleurs réussissent... j'ai eu l'honneur de faire courir tout Paris... Enfin, je suis venu me fixer dans cette ville, où je jouis d'une certaine considération... J'y enseigne la danse, l'astronomie et l'escamotage... ce qui ne m'empêche pas de me livrer à mon étude favorite, le grand œuvre de Brahma... la transmutation des âmes.

GUIDO, vivement.

La transmutation des âmes!

DIG-DIG.

C'est un des dogmes de notre croyance; car vous savez sans doute ce que c'est que la métempsycose?

GUIDO.

Parbleu!... si je le sais.

DIG-DIG.

Quand notre existence finit... selon nos bonnes ou mauvaises actions... nous devenons ours, moutons, bécasses, *et cætera, et cætera!*... Système consolant, culte admirable... qui nous fait, dans chaque animal, aimer notre semblable! Je vous parle ainsi, parce que je pense bien qu'un garçon d'esprit tel que vous doit croire à la métempsycose.

GUIDO.

Si j'y crois!... certainement!... D'abord, comme dit le docteur Faust, que je citerai toujours, si ça n'est qu'impossible, ça se peut.

DIG-DIG.

Comment! si ça se peut?... Moi qui vous parle, je me rappelle parfaitement avoir été girafe.

GUIDO.

Vous avez été girafe?

DIG-DIG.

Pendant vingt ans, en Égypte !... puis, chameau...

GUIDO.

Vraiment ! Eh bien ! il vous en reste encore quelque chose,

DIG-DIG.

Je ne dis pas !... Mais vous, rien qu'en vous voyant, je pourrais vous dire... Vous avez dû être mouton.

GUIDO, froidement.

C'est possible !...

DIG-DIG.

Un beau mouton !

GUIDO.

Je le croirais assez... D'abord je l'aime beaucoup... ce qui est peut-être un reste d'égoïsme !... Ensuite, la facilité que j'ai toujours eue à me laisser manger la laine sur le... Ah ! mon Dieu ! quand j'y pense... puisque vous êtes si savant, j'ai une demande à vous faire... une demande d'où dépend le bonheur de ma vie.

DIG-DIG.

Parlez, mon fils.

GUIDO.

Vous saurez que j'ai ici une chatte charmante... un angora magnifique !...

DIG-DIG.

Je la connais.

GUIDO, avec une nuance de jalousie.

Comment ? vous la connaissez !

DIG-DIG.

Je l'ai souvent admirée, quand Marianne, votre vieille gouvernante, la portait sur son bras. J'ai même fait causer cette brave femme plusieurs fois, et j'en sais sur vous plus que vous ne croyez.

GUIDO.

Eh bien! dites-moi, qu'est-ce que vous pensez de Minette? qu'est-ce que ça doit être?

DIG-DIG.

C'est bien aisé à voir! à l'esprit qui brille dans ses yeux... à la grâce qui anime tous ses mouvements, je vous dirai, mon cher, que cette enveloppe cache la jeune fille la plus jolie et la plus malicieuse.

GUIDO, avec transport.

Dieu! que me dites-vous là?... tout s'explique maintenant... et l'instinct de l'amour n'est point une chimère! Apprenez que mon cœur avait deviné sa métamorphose, et que cette jeune fille si aimable... si gracieuse... je l'aime... je l'adore...

DIG-DIG.

Il serait possible!

GUIDO.

Et c'en est fait du jeune Guido, si vous ne m'enseignez pas quelque moyen, quelque secret... il doit y en avoir... ô vénérable Indien!

DIG-DIG, avec mystère.

Chut! je ne dis pas non... Vous sentez bien qu'on n'a pas été, pendant dix ans, près du Gouron sans avoir escamoté quelques-uns de ses secrets... et j'ai là une amulette dont la vertu est infaillible pour opérer la transmigration des âmes à volonté.

(Il montre une bague.)

GUIDO.

En vérité!

DIG-DIG.

Il suffit de la frotter en prononçant trois fois le nom de Brahma.

GUIDO.

Ah! mon ami! mon cher ami! si vous vouliez me la céder... tout ce que j'ai... mon sang, ma vie...

DIG-DIG.

Je ne vous cache pas que c'est fort cher... ce sont des articles qui manquent dans le commerce... et à moins de deux cents florins...

GUIDO, allant au coffre.

Tenez, tenez, en voilà déjà cent... ils ne seront pas restés longtemps en caisse... et pour le reste, je vous ferai mon billet.

DIG-DIG.

Dieu! quelle tête! et quelle imagination!... si c'est ainsi que vous faites toutes vos affaires, ô mon fils!... Tenez... prenez...

GUIDO, prenant la bague.

Elle est à moi!... quel bonheur!

(Il court au lit où repose Minette.)

DIG-DIG, l'arrêtant.

Prenez garde, prenez garde! vous ne savez pas ce que vous désirez, et avant la fin du jour, vous vous repentirez peut-être d'avoir fait usage de ce talisman! songez-y bien, ô jeune imprudent!

 Avant que ta voix anime
 Cet être qui te charma,
 Rappelle-toi la maxime
 Que nous prescrivit Brahma.
 Cette maxime profonde,
 Livre trois, premier verset :
 « Ne dérangez pas le monde,
 « Laissez chacun comme il est. » (Bis.)

(Dig-Dig salue gravement et sort en disant :)

Ne vous dérangez donc pas, je vous en prie.

SCÈNE V.

GUIDO, seul, et répétant.

Ne dérangez pas le monde...
Mais au contraire on le remet
Comme il était!
(Tenant l'amulette et faisant un pas vers le lit.)
O Minette! chère Minette!
Moment d'espoir et de bonheur!
(S'arrêtant avec trouble.)
Eh! mais une crainte secrète...
On dirait que j'ai peur!
(S'excitant.)
Non! non!

INVOCATION.

O Dieu puissant du Gange!
Toi par qui tout se change,
Celle que j'aime est là,
A mes yeux, montre-la,
Brahma! Brahma! Brahma!
(En prononçant ces mots, il frotte la bague, et tout à coup les rideaux du lit s'ouvrent sur un roulement de timbales.)

SCÈNE VI.

GUIDO, MINETTE, en jeune fille vêtue de blanc, couchée sur le lit et endormie.

GUIDO, très ému, parlant.

Une femme! ô prodige!
(Elle s'éveille, se regarde avec étonnement et descend du lit.)

DUO.

GUIDO, n'osant s'approcher.

O la plus charmante des chattes!...
Elle est bien mieux comme cela.

MINETTE, faisant quelques pas avec crainte.

Hier, je marchais à quatre pattes,
Et sur mes deux pieds me voilà !

GUIDO.

Je n'ose lui parler.

MINETTE, étendant ses bras dont elle semble chercher la fourrure.

Plus rien !

(Les regardant.)

Et cependant... c'est mieux ! c'est bien !

GUIDO.

Pst, pst !... Minette !

MINETTE, se retournant.

Qui m'appelle ?
C'est mon maître ! Guido !...

GUIDO, enchanté.

Mon nom...
Elle se le rappelle !

(Minette lui tend la main.)

Ah ! que c'est doux ! ah ! que c'est bon !

MINETTE.

Dieux ! quelle existence nouvelle !

(Touchant sa tête.)

Mille sentiments nouveaux ! là !...

(Touchant son cœur.)

Puis là... Qui donc m'expliquera
Ce miracle qui me confond ?
Oh ! comme il bat !... Guido ! qui suis-je donc ?...

GUIDO.

Ce que le ciel a formé de plus beau !...
Un diamant, une perle, un joyau,
Une fleur qui charme notre âme !
Une femme enfin !... une femme !...

MINETTE.

Une femme, moi ! quel bonheur !

GUIDO.

Oui, je lis dans ton cœur,
Allons-nous être heureux!...
Vivre ensemble! toujours... tous deux!
Tout ce que tu voudras,
Tu l'obtiendras!
Demande ce qui peut te plaire.
Que veux-tu d'abord?

MINETTE.

Un miroir!...

GUIDO.

Un miroir!

(Souriant.)

C'est une femme, la chose est claire.

MINETTE.

Je veux me voir.

GUIDO.

Dans un instant.

(A lui-même.)

Serrons bien mon cher talisman.

Il met l'amulette dans le coffre et va prendre un petit miroir de toilette.)

MINETTE.

Eh! bien donc?

GUIDO.

Le voilà.

MINETTE.

Ah!

GUIDO.

Ah!

Ensemble.

(Pendant cet ensemble, Minette regarde devant et derrière le miroir en jouant comme les chats.)

MINETTE.

Est-ce bien moi

Que j'aperçoi ?
Ce n'est pas moi;
Si fait, c'est moi !
Oui, je le voi,
Oh ! c'est bien moi,
Œil caressant,
Teint rose et blanc,
Lèvre en corail
Et dent d'émail.
Oh ! c'est bien moi
Que j'aperçoi,
 Jamais
 Je n'avais
 Vu mes traits,
Et pourtant je les reconnais.

  GUIDO.

Est-ce bien toi
Que j'aperçoi ?
Redis-le-moi,
Oh ! c'est bien toi !
Regarde-moi ;
Oui, c'est bien toi :
Œil caressant,
Teint rose et blanc,
Lèvre en corail
Et dent d'émail.
Oh ! c'est bien toi
Que j'aperçoi.
 Jamais
 Je n'avais
 Vu ses traits,
Et pourtant je les reconnais !

(Suivant tous ses mouvements.)

O femmes ! la coquetterie
Chez vous commence avec la vie !

  MINETTE, jouant avec le miroir.

Oh ! que c'est gentil, un miroir,
Et qu'on est heureux de se voir !

GUIDO, lui reprenant le miroir.

C'est assez t'occuper de toi,
Allons, allons, regarde-moi.

MINETTE.

Toi?...

GUIDO.

Moi!

MINETTE.

Oui... non!

GUIDO, tendrement.

Regarde-moi.

MINETTE, reprenant le miroir et se regardant.

Non, non.

Ensemble.

MINETTE, même jeu.

Est-ce bien moi, etc.

GUIDO.

Est-ce bien toi, etc.

MINETTE, se tournant vers lui.

Je suis jolie, n'est-ce pas?

GUIDO, se croisant les bras.

Elle me demande cela, à moi!... charmante!

MINETTE.

C'est ce qui me semblait! mais au premier coup d'œil on craint de se tromper.

GUIDO, la regardant.

Il faut convenir que j'ai joliment réussi... Tous ces charmes-là, c'est mon ouvrage.

MINETTE, posant le miroir sur la table.

Ah! tant mieux! je t'en remercie... Mais je vous demanderai, monsieur, pourquoi vous ne m'avez pas faite plus grande?

GUIDO.

Là! ce que c'est que l'ambition! tout à l'heure elle n'était pas plus haute que ça. (Mettant la main contre terre.) Déjà des idées de grandeur!

MINETTE.

Non... seulement comme cela. (Se levant sur la pointe des pieds.) Rien qu'un peu, je t'en prie! Qu'est-ce que cela te coûte?

GUIDO.

Je ne peux plus; ce ne sont pas de ces ouvrages qu'on retouche à volonté!

MINETTE.

Ah bien!... tu n'es pas complaisant.

GUIDO.

Et toi... si tu n'es pas contente, tu es bien difficile!

MINETTE, lui tendant la main en souriant.

Ah! oui, pardon, je suis une ingrate!

GUIDO.

D'ailleurs, de quoi te plains-tu? N'es-tu pas ce que tu étais autrefois?

MINETTE.

Non, jamais je n'ai été femme... c'est la première fois!

GUIDO.

Bah!

MINETTE.

Mais, en revanche, j'ai été bien d'autres choses! (Guido fait un mouvement.) Oui, monsieur. Est-ce que vous ne vous souvenez pas de ce que vous avez été, vous?

GUIDO.

Mais dame!... je croyais avoir toujours été ce que je suis: un jeune homme aimable.

MINETTE.

Oh! moi, je ne dirais pas au juste... mais je me rappelle

confusément... il y a bien longtemps, bien longtemps... oui, j'ai été d'abord une petite fleur des champs... une petite marguerite.

GUIDO.

Tiens! une petite Marguerite... c'était gentil, ça!

MINETTE.

Pas trop : toujours exposée au soleil... le moyen de rester fraîche et jolie! Aussi, chaque jour, j'adressais ma prière à Brahma.

AIR.

<pre>
         Brahma, Brahma, Brahma,
           Change-moi, Brahma !
              Mon bon Brahma,
               Par toi j'espère
                Ce bonheur-là,
       Puisque ta voix, déjà, déjà,
                 A ma prière
                 Me transforma.
                Sois satisfaite !
                Répond Brahma.
                 Et, crac ! voilà
                  Qu'en alouette
                  Il me changea.
             Soudain, quittant le sol,
             Dans l'air je prends mon vol,
               Imitant les bémols
                 Des rossignols.
             Mais un jour, au miroir,
               Le désir de me voir
              Me fit prendre aux filets ;
                   Et je disais :
              Ah ! change-moi, Brahma,
                  Mon bon Brahma !
         Oui, je réclame ce bonheur-là.
                  Soudain, voilà
                  Qu'en jeune chatte
                   Il me changea.
</pre>

De moi l'on raffolait,
Chacun me cajolait,
Toujours du pain mollet
Et du bon lait !
Mais les chats, ont, dit-on,
Le naturel félon.
Pour eux j'en rougissais,
Et je disais :
Change-moi, Brahma,
Mon bon Brahma !
Par toi, j'espère
Ce bonheur-là,
Puisque ta voix, déjà, déjà,
A ma prière
Me transforma.
Soudain, voilà
Qu'en une femme il me changea !
Mais cette fois, restons-en là.
Brahma, Brahma,
Ne changeons plus, restons-en là !

GUIDO.

On vient... c'est sans doute ma vieille gouvernante... qu'elle ne puisse pas soupçonner ton ancienne condition !

MINETTE.

Sois tranquille ; je suis discrète.

GUIDO.

Et elle est discrète encore ! Quand je me la serais faite moi-même... Chut ! la voici !

SCÈNE VII.

Les mêmes; MARIANNE, portant un panier.

MARIANNE, à part.

C'est fini; le marché est conclu : je l'ai vendue pour trois florins; mais je n'aurai jamais le courage de... (Haut.) Que vois-je... une femme en ces lieux !

(A l'entrée de Marianne, Minette se place à la droite de Guido, et cherche à se cacher aux yeux de la gouvernante.)

GUIDO.

Te voilà bien étonnée, ma pauvre Marianne! C'est... c'est... la fille d'un ancien ami de mon père... qui arrive à l'instant même... d'Angleterre.
(Pendant ce temps, Marianne a déposé sur la table ce qu'elle portait.)

MARIANNE, regardant Guido.

D'Angleterre?

GUIDO.

Oui, une jeune lady!... comme elle était sans asile, je lui en ai offert un... elle logera avec nous.

MARIANNE.

Avec nous! (Posant son panier.) Ah bien! par exemple, voici du nouveau!

MINETTE, à part.

C'est le déjeuner qu'elle rapporte... c'est de la crème : ah! tant mieux!

(Elle passe sa langue sur ses lèvres.)

MARIANNE.

Comment! not' maître... vous qui aviez renoncé aux femmes!

GUIDO.

Ah! celle-ci! quelle différence!... c'est d'une toute autre espèce... C'est la candeur! l'innocence même!

MARIANNE, avec ironie.

Et elle arrive d'Angleterre! (Elle porte le coffre dans la chambre à droite, et commence à mettre sur la table tout ce qu'il faut pour déjeuner.) Je vois ce que c'est... Monsieur est las de mes services... C'est une jeune gouvernante qu'il lui faut... Mais en la voyant de cet âge-là, Dieu sait ce qu'on en dira... On ne vous épargnera pas les propos, ni les coups de patte.

GUIDO, regardant Minette.

Pour ce qui est de ça, nous ne les craignons pas... et nous sommes là pour y répondre. (A Minette.) N'est-ce pas, chère amie?

MARIANNE, allant à lui.

Chère amie! qu'est-ce que j'entends là? serait-ce par hasard... la passion... que vous ne vouliez pas m'avouer ce matin?

GUIDO.

Juste, c'est elle! (A part.) Elle ne croit pas si bien deviner. (Haut.) Oui, ma chère Marianne, c'est là cette femme charmante, dont le bon ton, la grâce et les manières distinguées... Ah!... qu'est-ce qu'elle fait donc là!

(Il se retourne et aperçoit Minette, qui s'est approchée tout doucement de la table, trempant ses doigts dans la crème, et les portant à sa bouche comme les chats.)

MINETTE, à part.

Dieux! que c'est bon, de la crème!

MARIANNE, la voyant et se récriant.

Oh! voyez donc, monsieur!

GUIDO, bas à Minette.

Quelle distraction! Minette!

MARIANNE, avec ironie.

C'est probablement un usage d'Angleterre.

GUIDO, avec humeur.

Oui, oui... dans ce pays-là... on ne mange pas comme... (Voulant détourner la conversation et regardant la table.) Mais quel déjeuner, Marianne! toi qui n'avais pas d'argent... comment as-tu fait?

MARIANNE, avec humeur.

Comment j'ai fait?... Il l'a bien fallu... j'ai vendu notre chatte pour trois florins.

GUIDO.

Par exemple! sans me consulter!

MARIANNE.

Ah! bien oui. (Regardant Minette.) Vous avez maintenant bien d'autres choses à penser!... Je l'ai vendue à la femme du gouverneur... une femme très-sensible... qui aime beaucoup les chats.

MINETTE, à part.

Me vendre! c'est drôle!

MARIANNE.

C'est pour amuser son fils... un jeune homme de dix-huit ans, de la plus belle espérance.

MINETTE, à part.

Et à un jeune homme encore!

GUIDO, avec colère d'abord.

Comment!... (Se calmant.) Eh bien! à la bonne heure, puisque le fils du gouverneur l'a achetée... qu'il vienne la prendre, (A part.) s'il peut la reconnaître!

MARIANNE, à elle-même.

Moi qui croyais que ça allait le désoler... quelle insensibilité!

GUIDO, à Minette.

Allons, chère amie, déjeunons.

(Il lui fait signe de s'asseoir vis-à-vis de lui. Il lui verse de la crème, et lui montre comment il faut tremper son pain, ce que Minette imite gauchement et maladroitement.)

TRIO.

Ensemble.

GUIDO et MINETTE.
Repas charmant, plaisir extrême!
Se trouver là tous deux! tous deux!
Pouvoir se dire ici : je t'aime!
  Avec les yeux!

MARIANNE, les regardant et mangeant son morceau de pain.
Pauvre Minette! ô peine extrême!
Il faut nous séparer tous deux,
Et pour toi l'ingrat n'a pas même
De larme aux yeux!

MINETTE, qui a versé son lait dans son assiette et le buvant.
C'est bon! merci.

MARIANNE.
Dans son assiette!...
Quoi, milady!
GUIDO, bas, lui faisant signe.
Eh mais... Minette,
Non! pas ainsi.
(Il lui montre.)

MINETTE, l'imitant.
C'est bien... merci.

MARIANNE, se moquant.
C'est fort joli!
Quelles manières
Singulières!

GUIDO, à part.
Quel embarras!

MINETTE, faisant la moue de loin à Marianne.
Hum! vieille prude!

GUIDO, à part.
Elle n'a pas
Encore l'habitude
De dîner à table.
(Bas à Marianne.)
Attends donc!
(Haut.)
Point de bon repas sans chanson.
(A Minette.)
Sauriez-vous quelque polonaise?

MINETTE.
Non!

GUIDO.

Une gigue anglaise?

MINETTE.

Mon Dieu, non!

(Cherchant.)
Je me souvien
D'un petit air indien.

GUIDO, vivement.

Nous l'écoutons... très-bien!

CHANSON.

MINETTE.

Premier couplet.

Dans une pagode indienne,
Bayadère aux longs cheveux,
Aux cils noirs comme l'ébène,
A l'œil tendre et langoureux,
Doucement chantait ainsi :
 « O bel ami!
 « O mon chéri!
« Quand la nuit couvre nos bois,
 « Viens à ma voix
 « Comme autrefois :
 « Miaou! miaou!
« N'entends-tu pas ce chant hindou?
 « Miaou! miaou!
« Reviens à moi, bel Acajou! »

Ensemble.

MARIANNE.

Miaou! miaou!
Quel est donc ce chant hindou?

GUIDO.

Miaou! miaou!
C'est la langue de Vichnou!

(Aux mots de *miaou*, Marianne regarde de tous côtés, comme si elle entendait un chat et paraît fort étonnée ; Guido fait des signes désespérés à Minette, puis se remet à sourire à Marianne, comme pour lui donner le change.)

MINETTE, continuant.

Deuxième couplet.

« Je le vois, ton âme oublie
« Tes serments et mon bonheur,
« Les accents de ton amie
« N'arrivent plus à ton cœur !
« Une autre te plaît donc mieux ?
  « Soyez heureux
  « Loin de mes yeux !
« Mais si tu te repentais,
  « Je te plaindrais
  « Et te dirais :
  « Miaou ! miaou !
« N'entends-tu pas ce chant hindou ?
    « Miaou ! miaou !
« Reviens à moi, bel Acajou ! »

GUIDO, applaudissant et regardant Marianne.

Elle chante très gentiment !

MARIANNE, ironiquement.

Oui.

GUIDO, à Minette.

C'est charmant !

MARIANNE, à Minette.

Oh !... oui... charmant.

GUIDO, voyant Minette lécher son assiette.

Que fait-elle? oh ! là là !

MARIANNE, la montrant à Guido.

Mais voyez donc !

GUIDO, désolé.

Nous y voilà !

MARIANNE.

Encore !

MINETTE, avec impatience.

Ah!

GUIDO, avec colère.

Ah!

TOUS TROIS.

Ah!

Ensemble.

MARIANNE.

C'est épouvantable,
C'est abominable!
Ça me fait souffrir
Comme un vrai martyr.
Une jeune fille,
Qui toujours sautille,
    Frétille,
    Sautille,
    Frétille,
    Sautille,
Je n'y puis tenir,
J'aime mieux partir!

MINETTE.

C'est insupportable,
C'est abominable!
Oui, c'est trop souffrir
Comme un vrai martyr.
Une vieille fille,
Qui toujours babille,
    Babille,
    Babille,
    Babille,
    Babille,
Je n'y puis tenir,
Vous pouvez sortir!

GUIDO.

C'est insupportable,
Je me donne au diable!
Ah! c'est trop souffrir

Comme un vrai martyr.
Chacune babille,
Tout mon sang pétille,
Pétille,
Pétille,
Pétille,
Pétille,
Je n'y puis tenir,
C'est pour en mourir!

MARIANNE, avec colère et ironie.

Oui... je craindrais d'être indiscrète,
Je sors...

(Cherchant des yeux.)

Mais où donc est Minette?

MINETTE, se levant étourdiment.

Me voici!

MARIANNE, se retournant.

Hein?

GUIDO, bas et retenant Minette.

Chut!

MARIANNE.

Plait-il?

GUIDO, lui montrant le fond.

Je dis que je la vois d'ici.

MARIANNE.

Où donc? dans mon panier?

(Elle prend son panier à ouvrage qui renferme des pelotes de laine et de coton.)

GUIDO, à part.

Oui, cherche!... à moins d'être sorcier!

(Une pelote de laine s'est échappée du panier, Minette se lève, court après, et joue avec toutes les autres en les dévidant comme les chats.)

MARIANNE, criant et la poursuivant.

Eh bien! eh bien! mademoiselle!

MINETTE, se fâchant.

Laissez-moi!...

GUIDO, à Minette.

Finis donc!

MARIANNE.

Quelle horreur!

GUIDO, à Marianne.

Finis donc!

MINETTE, frappant du pied.

On ne peut pas s'amuser avec elle!

MARIANNE, ramassant ses pelotons.

Mes laines! mon coton!

(Minette s'approche de la cage et veut jouer avec les oiseaux.)

MINETTE, secouant la cage.

Oh! ces petits!
Qu'ils sont gentils!

(Elle renverse la cage, qui tombe à terre.)

MARIANNE, y courant.

Miséricorde!... et mon serin!

GUIDO.

Autre querelle!...

MINETTE, frappant du pied.

On ne peut pas s'amuser avec elle!

MARIANNE, la menaçant.

Maudit lutin!

MINETTE, de même.

Esprit taquin!

GUIDO, furieux.

Ah! j'en perds la tête, à la fin!

Ensemble.

MARIANNE.

C'est épouvantable, etc.

MINETTE.

C'est insupportable, etc.

GUIDO.

C'est insupportable! etc.

(Marianne sort en colère et entre dans sa chambre, à droite.)

SCÈNE VIII.

GUIDO, MINETTE.

GUIDO, à part.

Allons! nous voilà déjà en révolution! Joli début!

(Il s'assied à droite du public.)

MINETTE, d'un air de triomphe.

Elle s'éloigne; tant mieux!... jusqu'à son retour nous serons tranquilles, au moins! (A Guido.) Eh bien! tu parais fâché.

GUIDO.

Venez ici, Minette, venez ici, mam'zelle! (Minette s'approche.) Qu'est-ce que vous avez fait là? Pourquoi avez-vous touché à ses serins de Canarie? Elle aime ses serins, cette femme.

MINETTE.

Aussi, elle est trop difficile à vivre. (D'un ton caressant.) Et je suis bien sûre que vous ne voudrez pas me refuser la première grâce que je vous demande?

(Elle lui prend la main et la caresse.)

GUIDO, à part.

C'est ça... patte de velours!

MINETTE.

Guido, mon ami, mon bon ami, dites-lui de s'en aller!

GUIDO.

S'en aller!... cette bonne Marianne, qui vous a élevée!

MINETTE.

Je l'aimerai toujours... mais loin d'ici.

(Elle passe plusieurs fois la main par-dessus son oreille.)

GUIDO, à part.

Allons!... nous allons avoir de l'orage! (D'un air piqué.) Minette, vous n'avez pas réfléchi à ce que vous demandez!

MINETTE, le câlinant avec sa main.

Mon ami!

GUIDO, avec dignité.

Minette, vous me faites de la peine!

MINETTE.

Vous me refusez... allez, je ne vous aime plus!

(Elle lui donne un coup de griffe sur la main.)

GUIDO.

Dieu! que c'est traître! (A part.) Ah çà! elle a conservé de singulières manières! Il faudra là-dessus que je lui fasse la morale... ou du moins que je lui fasse les ongles. (Haut.) Ma chère, vous m'avez fait du mal.

MINETTE, s'éloignant.

Laissez-moi, monsieur, ne me parlez plus, puisque vous reconnaissez si mal la tendresse que l'on a pour vous.

GUIDO, secouant la tête.

Ah!... votre tendresse!...

MINETTE.

Comment! monsieur, vous en doutez? C'est affreux! Car enfin, lorsque je pense aux caresses que je vous prodiguais autrefois, j'en rougis. C'était d'instinct; mais cet instinct, je le sens bien, a aussi subi sa métamorphose... et maintenant c'est de l'amour.

GUIDO, à part.

Dieu! si je me croyais... après un pareil aveu... (Se reprenant froidement.) Permettez, Minette, je veux croire que vous m'aimez, j'ai besoin de le croire! Mais ce n'est pas tout :

je pouvais passer à ma chatte bien des choses que je ne passerai pas à ma femme, et, si, avec cette figure charmante, vous aviez conservé les goûts et les penchants de votre ancien état... j'ai déjà remarqué tout à l'heure un certain décousu dans vos manières...

MINETTE, pleurant.

Il n'est pas encore content!... Eh bien! je te promets de veiller sur moi... de vaincre le naturel qui te déplaît.

GUIDO, à ses genoux.

Et moi... je te promets, en revanche, de n'aimer que toi, de n'avoir désormais d'autre volonté que la tienne... et...

MINETTE, l'oreille au guet.

Chut!

GUIDO.

Hein?

MINETTE.

N'entends-tu pas du bruit?

GUIDO, continuant.

Qu'est-ce que ça fait? Songe donc, quel bonheur d'être sans cesse occupés l'un de l'autre!...

MINETTE, écoutant.

C'en est une!...

GUIDO, de même.

Et, quand je te peindrai mon amour, mon émotion, quel plaisir de t'entendre me dire...

MINETTE, s'avançant doucement.

Tais-toi!... tais-toi...

GUIDO.

Eh bien! où vas-tu donc?

MINETTE.

Bien sûr, c'en est une! Entends-tu?

GUIDO.

Comment! c'en est une? (Minette s'avance à pas comptés vers

l'armoire à gauche, puis s'élance tout à coup comme un chat.) Qu'est-ce que c'est?... Minette, voulez-vous bien finir?

MINETTE.

Là, c'est toi qui lui as fait peur!... elle s'enfuit... C'est insupportable!... c'est si gentil!

GUIDO, à part.

Il n'y a pas moyen, avec elle, d'être en tête-à-tête... On se croit seuls, et il y a là... du monde dans les armoires. (Haut.) Minette! Minette! ici tout de suite!

MINETTE, se révoltant et se sauvant de côté.

Je ne veux pas!

GUIDO.

Qu'entends-je?... Je ne veux pas! Hier, Minette... vous étiez soumise, obéissante... vous n'aviez pas de volonté...

MINETTE.

Oui... mais aujourd'hui je suis femme!

GUIDO.

Eh bien! c'est là que je vous prends... si vous êtes femme, raison de plus pour ne plus avoir de pareilles distractions!... On ne court pas ainsi après... les gens!... ça n'est pas convenable!... Avec des manières comme celles-là, Minette, je ne pourrai jamais vous présenter dans la société... et quand je sortirai, je serai obligé de vous laisser ici en pénitence.

MINETTE.

Eh bien! par exemple! le beau plaisir d'être femme, pour être en esclavage!... J'aurais donc perdu au change! car autrefois j'étais libre, j'étais ma maîtresse... je pouvais sortir et rentrer sans permission, et j'entends bien qu'il en soit toujours ainsi.

GUIDO.

Et que deviendra ma dignité de maître?

MINETTE.

Elle deviendra ce qu'elle pourra... je défendrai mes droits, et, pour commencer, je vous déclare, monsieur, que je veux sortir à l'instant même.

GUIDO, vivement.

Et moi, je ne veux pas !... Qu'est-ce que c'est donc que ces idées de rébellion !

(Il la fait passer à droite.)

DUETTO.

MINETTE.

Je sortirai !

GUIDO.

Non, non, non, non,
Vous resterez.

MINETTE.

Non, non, non, non !

GUIDO.

Je tiendrai bon.

MINETTE.

Non, non, non, non !

GUIDO.

C'est moi qui suis le maître.
(Il va fermer la porte.)
La porte est close.

MINETTE.

Bon !
Nous avons la fenêtre
Et j'y suis d'un seul bond.
(Elle s'élance du lit à la fenêtre.)

GUIDO, effrayé et voulant la suivre.

O ciel ! perdez-vous la raison ?

MINETTE.

Je m'en vas ;
Si tu fais un seul pas,
Je sortirai...

GUIDO, suppliant.

Non, non, non, non !
Vous resterez.

MINETTE.

Non, non, non, non !

GUIDO.

Ah ! revenez !

MINETTE.

Non, non, non, non !

GUIDO.

Ah ! revenez !

MINETTE.

Non, non, non, non !
Ah !... le grand air m'enivre : Miaou !
Miaou ! miaou !
Entends ce chant hindou !
Miaou ! miaou !

GUIDO.

Encor son maudit chant hindou !

MINETTE.

Entends ce chant, bel Acajou !

(Disparaissant.)

Miaou ! miaou !

GUIDO, la rappelant.

Minette ! Minette !

MINETTE, dans l'éloignement.

Miaou !

GUIDO, parlant.

Ah ! par la petite terrasse !... Voyons vite !

(Il sort par la porte à gauche.)

SCÈNE IX.

MINETTE, passant au même instant sa tête par la porte du fond et descendant sur le théâtre.

Oui, cours après moi, si tu peux!... pourvu qu'il ne se fasse pas de mal... Oh! je suis sûre qu'il n'ira pas loin!... Ah! mon Dieu!... c'est mon ennemie; c'est la vieille gouvernante!...

SCÈNE X.

MINETTE, MARIANNE, sortant de la chambre de droite.

MARIANNE, d'un air revêche.

Monsieur n'est pas ici?

MINETTE, regardant le toit.

Non... il est allé prendre l'air.

MARIANNE, ôtant le couvert, à l'aide de son panier à provisions.

J'en suis fâchée!... je venais lui demander mon compte; parce qu'il faut qu'une de nous sorte d'ici.

MINETTE, froidement.

C'est déjà convenu. Je reste.

MARIANNE.

Est-il possible?

MINETTE.

Et vous aussi, la vieille... j'y ai consenti.

MARIANNE, posant son panier à gauche.

La vieille!... la vieille!... m'entendre traiter ainsi!... Je vais chercher mes effets, et je ne resterai pas une seconde de plus dans cette maison, où je ne regretterai rien... car j'ai retrouvé ma pauvre Minette... ma seule consolation...

LA CHATTE MÉTAMORPHOSÉE EN FEMME

MINETTE, vivement.

Vous l'avez retrouvée !...

MARIANNE.

Oui, mademoiselle... là-haut dans une armoire, et je ne sais pas qui s'était permis de l'enfermer, d'attenter à sa liberté !...

MINETTE.

Il s'agit bien de cela... Où est-elle ?

MARIANNE, montrant la chambre à droite.

Elle est là, en sûreté.

MINETTE.

Je ne veux pas qu'elle paraisse.

MARIANNE.

Vous ne voulez pas !... Apprenez que je suis là pour la défendre.

MINETTE.

Du tout... pour m'obéir... et je n'ai qu'un mot à prononcer...

MARIANNE.

Moi... abandonner ma chère Minette... la laisser dans des mains !... (Minette s'est approchée d'elle et lui a parlé bas.) Hein ? quoi ! Ciel ! il se pourrait !... (Avec respect.) Quoi ! c'est vous !... c'est vous !...

MINETTE, regardant toujours si Guido revient.

Silence donc !... (A mi-voix.) Eh ! oui, vraiment... la solitude, le chagrin, l'exaltation germanique ont tourné la tête à ce pauvre Guido. Il n'aime que sa chère Minette... Il fallait bien le corriger... et ce ne sera pas long, je l'espère... surtout si tu veux me seconder.

MARIANNE.

Si je le veux !... Parlez, commandez... que faut-il faire ?

MINETTE.

Cacher bien vite Minette... la faire disparaître... car s'il la voyait, tout serait perdu. Nous serions deux !

MARIANNE, prête à sortir par la droite.

Je vais l'emporter de la maison...

MINETTE.

Pas dans ce moment... J'entends Guido qui revient.

MARIANNE.

Soyez tranquille... je sais où la cacher... et tout à l'heure je pourrai l'emporter devant lui sans qu'il s'en aperçoive!... (Lui baisant la main.) Ah! mademoiselle!

(Elle sort par la porte à droite; en même temps Guido entre par la porte à gauche, et Minette se tient derrière un des rideaux, au fond du théâtre.)

SCÈNE XI.

MINETTE, GUIDO.

GUIDO, se croyant seul.

Au diable les voyages! J'ai voulu mettre le pied sur le toit; mais les chemins sont si mauvais!... je me suis trouvé au confluent de deux gouttières. Mais cette pauvre Minette!... où est-elle maintenant?

MINETTE, venant doucement, et passant sa tête sous le bras de Guido.

Me voici.

GUIDO.

Ah!... Une jolie conduite, mademoiselle! Fi! que c'est vilain! et qu'est-ce qui vous ramène près de moi?

MINETTE.

J'ai voulu te faire mes adieux, avant de te quitter pour toujours.

GUIDO.

Me quitter! encore!

MINETTE.

Pour ton bonheur; car je sens bien que je te rendrais malheureux : nos caractères sont si différents !

GUIDO.

Il est sûr qu'il n'y a pas encore compatibilité d'humeurs.. mais ça viendra.

MINETTE.

Jamais!... On ne change pas le naturel... Songez donc, monsieur, que j'ai été chatte, que je suis femme, et que ces deux natures-là, combinées ensemble... c'est terrible! D'ailleurs, maintenant que j'ai un nouveau maître....

GUIDO.

Comment! un nouveau maître?

MINETTE.

Oui, le fils du gouverneur, ce jeune homme à qui Marianne m'a vendue pour trois florins... Il sort d'ici; je lui ai tout conté.

GUIDO.

O ciel! quelle indiscrétion!

MINETTE.

Et il dit qu'il va me réclamer.

GUIDO, vivement.

Peu m'importe! je plaiderai, s'il le faut, et je gagnerai! Car enfin, c'est une chatte qu'il a achetée, et lui donner, à la place, une jolie femme, ce serait le tromper.

MINETTE, souriant.

Oh! je crois qu'il l'aimera tout autant comme cela! (Voulant sortir.) Je vais le lui demander.

GUIDO, l'arrêtant.

Ah! c'en est trop!... petit monstre d'ingratitude! Allez! votre espèce ne vaut pas mieux que l'espèce humaine.

MINETTE, avec joie.

Comment! Je ne te semble donc plus jolie à présent?

GUIDO.

Au contraire!... et c'est ce dont j'enrage!... Mais en voyant ces jolis traits... je penserai toujours qu'il y a de la chatte là-dessous... et je vois bien qu'à moins d'un miracle, je serai malheureux toute ma vie... Mais toi aussi... C'est en vain que tu espères rejoindre ce jeune homme... tu resteras ici... malgré toi!

MINETTE, regardant la fenêtre.

Vous savez bien que quand je le veux...

GUIDO.

Oui... mais cette fois, j'y mettrai bon ordre. (Allant lui prendre la main. — Apercevant Marianne qui paraît avec le coffre sous le bras.) Marianne! Marianne!

SCÈNE XII.

Les mêmes; MARIANNE.

MARIANNE.

Eh! bien... Eh! bien... qu'est-ce donc?

GUIDO, tenant toujours la main de Minette.

Fermez cette fenêtre. (Montrant celle du fond.) Et dépêchons... quand je l'ordonne.

MARIANNE, posant son coffre sur la table.

Ne vous fâchez pas... on y va!

MINETTE.

Et moi, Marianne, je vous le défends.

(Marianne s'arrête sur-le-champ.)

FINALE.

GUIDO, étonné.

O ciel! Elle reste en chemin!
Qu'avez-vous? Parlez, Marianne...

LA CHATTE MÉTAMORPHOSÉE EN FEMME

MINETTE, étendant sa main vers elle.
Je le défends! jusqu'à demain,
Au silence je la condamne.
(Marianne, qui ouvrait la bouche, reste immobile sans prononcer un mot.)

GUIDO.
Dieu! la voilà muette! Encore un changement
Plus étonnant
Que les autres!
(Avec colère.)
Ah! je le voi,
Je ne suis plus maître chez moi.

SCÈNE XIII.

Les mêmes; DIG-DIG.

(Il est entré et a échangé du fond quelques signes avec Minette; il reprend sa gravité dès que Guido l'aperçoit.)

GUIDO, se retournant.
Ah! sage Indien,
Grand magicien,
Accours
A mon secours!
(Montrant Minette.)
Je l'abandonne...
Je te la donne!
Qu'elle s'en aille, et pour toujours!

MINETTE, étendant la main vers Dig-Dig.
Indien, de par Brahma,
Je t'ordonne de rester là!...
Comme une idole,
Sans prononcer une parole!
(Dig-Dig, qui s'avançait, reste sur-le-champ immobile dans une position grotesque, et ouvre plusieurs fois la bouche sans pouvoir parler.)

GUIDO, confondu.
Le voilà devenu magot!

3.

MINETTE, le menaçant.

Toi-même, si tu dis un mot,
Je te ferai prendre soudain
Ma figure de ce matin!

GUIDO, hors de lui.

En matou! moi! quelle infamie!
(Frappé d'une idée.)
Oh! mon talisman que j'oublie!
(Courant au coffre qui est sur la table.)
Brahma!
Mon petit Brahma!
Punis l'ingrate!
Oui, qu'elle redevienne chatte!
Et, par le pouvoir que j'ai là!...

(Il ouvre le coffre : une chatte blanche en sort aussitôt, s'élance à terre, et disparaît par la fenêtre.)

DIG-DIG et MARIANNE, criant.

Au chat! au chat! Minette!

Ensemble.

GUIDO, pétrifié.

Juste ciel! qu'ai-je vu?
Je reste confondu.
Il faut que l'amulette
Ait perdu sa vertu!

MARIANNE, MINETTE et DIG-DIG.

Il est tout éperdu,
Le voilà confondu.
Il croit que l'amulette
A perdu sa vertu.

GUIDO, montrant le coffre à Minette.

Quoi! madame... vous étiez là,
Et je vous vois encor! que veut dire cela?

MINETTE, souriant.

Devinez, devinez.

GUIDO, vivement.
Comment veut-on que je devine !

MARIANNE, montrant Minette.
Mais c'est votre cousine.

GUIDO, avec joie.
Comment, comment !...
Ma petite cousine ?

DIG-DIG, saluant.
Et c'est moi, le vieil intendant
Qui vous attrapa si souvent.
(Guido le menace du doigt en souriant.)

MINETTE, tendrement.
Grâce au ciel, j'ai rempli le désir de mon père !
Je ne crains plus de rivale à vos yeux...
Oui, Guido, nous serons heureux...
Car j'aurai le cœur, pour vous plaire,
De cette Minette si chère,
Sans en avoir le caractère...
(Levant la main comme pour griffer.)
Ni les...

GUIDO, gaiement.
Eh bien ?

MINETTE, en souriant.
Oh ! ne crains rien.
Tu peux la prendre sans danger,
J'ai promis de ne plus changer.
(Elle lui tend la main qu'il baise avec transport.)

GUIDO.
Je puis la prendre sans danger,
Car elle ne veut plus changer.

DIG-DIG et MARIANNE.
Il peut la prendre sans danger.
Car elle ne veut plus changer.

MINETTE, au public.
Je suis femme, j'étais chatte...

Je m'en souviendrai toujours;
Qu'on me choye et qu'on me flatte,
Je fais patte de velours!...
Mais ce naturel charmant
Devient méchant
Au moindre vent...
Pour m'en guérir, chaque soir,
Venez me voir
Et me revoir,
Miaou! miaou!
A ces appels tendres et doux,
Miaou! miaou!
Montrez-vous indulgents et doux,
Miaou! miaou!

TOUS.

Miaou! miaou! etc.

BROSKOVANO

OPÉRA-COMIQUE EN DEUX ACTES

En société avec M. Henri Boisseaux

MUSIQUE DE L. DEFFÈS.

THÉATRE LYRIQUE. — 29 Septembre 1858.

PERSONNAGES.   ACTEURS.

JOVITZA, fermier valaque. . . . . MM. LESAGE.
BASILE, neveu de Jovitza. . . . .   GIRARDOT.
CONSTANTIN, soldat. . . . .   FROMANT.
HASSAN, aga. . . . .   GABRIEL.
UN DOMESTIQUE. . . . .   —

HÉLÈNE, fille de Jovitza. . . . . Mmes MARIMON.
MICHAELA, amie d'Hélène . . . .   GIRARD.

INVITÉS. — SOLDATS TURCS. — OFFICIERS et MAGISTRATS. — GARÇONS DE FERME.

Dans un village, en Valachie.

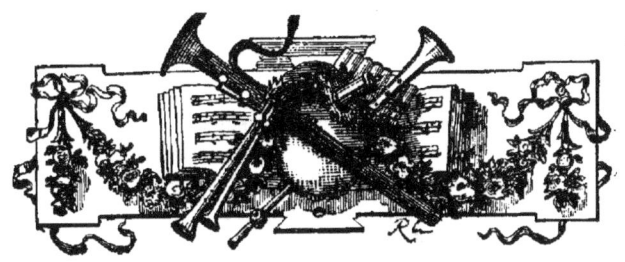

BROSKOVANO

ACTE PREMIER

Une place de village. — A droite, une grange; à gauche, la maison de Jovitza.

SCÈNE PREMIÈRE.

JOVITZA, CONSTANTIN, JEUNES GENS et JEUNES FILLES de la noce.

(Des jeunes gens et des jeunes filles descendent la montagne, ayant à leur tête des joueurs de guzla et autres instruments. Constantin entre en scène comme un homme qu'on poursuit.)

CONSTANTIN.

Du monde partout! (Regardant à gauche.) Une noce par ici! Ah! ma foi, à la garde de Dieu!

(Il se cache à droite.)

INTRODUCTION.

LE CHŒUR, vif et joyeux.
Partis depuis l'aurore,
Fillettes et garçons,

Que la guzla sonore
Se mêle à nos chansons!
Pour l'hymen qui s'apprête,
Jetons le cri de fête,
Présage d'heureux jours
Et de longues amours!...

JOVITZA, sortant de la ferme et allant saluer les invités.

Salut, mes amis, mes compères!...

LE CHOEUR.

Salut au plus heureux des pères!

JOVITZA.

Dites au plus contrarié!
Depuis hier dans ma demeure,
Je guette et j'attends à toute heure...

LE CHOEUR.

Eh! mais, qui donc?...

JOVITZA.

Le marié!...

LE CHOEUR, riant.

Ah! ah! ah! ah! le marié!...

JOVITZA.

Mon gendre et mon neveu Basile
S'est perdu sans doute en chemin!
Le remplacer n'est pas facile...
Et la noce se fait demain!...

LE CHOEUR.

Eh! quoi! de lui pas de message?...

JOVITZA.

Si fait, si fait, j'ai là, céans,
Sa malle et ses effets venus sans accidents.

LE CHOEUR.

Vraiment, il eût été plus sage
A lui de s'enfermer dedans!...

(Rires.)
Ah! ah! ah! ah!

JOVITZA.

Chez moi, compères,
Au choc des verres,
Allez vous rafraîchir un peu!
Moi je vais rester en ce lieu,
(Soupirant.)
Afin d'attendre mon neveu!

LE CHŒUR.

Partis depuis l'aurore, etc.

(Sortie du chœur.)

SCÈNE II.

JOVITZA, puis MICHAELA et HÉLÈNE.

JOVITZA.

Mon gendre qui se perd en route!... c'est fait pour moi, ces choses-là!... et dire que le prêtre est averti, que les invités sont là, que l'acte et le repas sont dressés, (Hélène sort de la ferme avec Michaëla.) que ma fille est toute prête!... (L'admirant.) Mais, comme te voilà belle!

MICHAELA.

C'est mon ouvrage! je m'y entends! c'est la dixième mariée que je pare, (Avec un soupir.) en attendant mon tour!

JOVITZA, se parlant à lui-même.

Il ne peut tarder!

MICHAELA.

Mon tour?... que le ciel vous entende!...

JOVITZA.

Il s'agit bien de vous! je parle du mari d'Hélène.

MICHAELA.

Aussi, pourquoi l'avez-vous été chercher si loin?... en

Illyrie, un pays sauvage... comme s'il n'y avait pas dans notre Valachie des garçons disposés à épouser la plus grosse dot de l'endroit.

JOVITZA, en colère.

Mêlez-vous de ce qui vous regarde, voisine.

MICHAELA.

Oh! je n'en parle ainsi que par affection pour vous, pour Hélène, ma compagne d'enfance; d'ailleurs, ce n'est pas moi, c'est le pays qui jase, vous savez qu'on n'empêche pas les langues d'aller leur train.

JOVITZA.

Oui, je m'en aperçois... en tous cas, vous leur direz, à ces langues, que c'est chose arrêtée depuis vingt ans entre moi et mon frère Jean Jovitza, que je suis bien le maître et que ça fait plaisir à ma fille.

HÉLÈNE.

A moi ? oh! non, mon père !... j'obéis, voilà tout.

JOVITZA.

Justement, justement, ça doit te faire plaisir de m'obéir... d'ailleurs ces mariages-là, les mariages de famille, ça porte toujours bonheur!

MICHAELA.

On s'en aperçoit! celui-ci commence bien!

JOVITZA.

Mais qu'est-ce que ce garçon peut faire en route?

MICHAELA.

Il peut faire bien des choses; il peut avoir été pillé, tué... le pays n'est pas sûr.

HÉLÈNE.

Les heiduques, les bandits le parcourent en tous sens, Broskovano en tête.

JOVITZA.

Taisez-vous! ce nom-là me donne le frisson! dans cette ferme isolée, sans armes, sans défense!... Au moins, si Basile était là, nous aurions un homme pour nous protéger.

MICHAELA.

Tiens! qu'est-ce que vous êtes donc, vous?...

JOVITZA.

Je suis un père, qui tremble qu'on ne l'enlève à son unique enfant!... car telles sont les façons de ce Broskovano; il enlève tout le monde et sans avoir d'égards pour l'âge ni pour le sexe!... puis, quand on est une fois tombé dans ses griffes, il faut, pour en sortir, payer suivant ce que l'on vaut, et ce brigand-là vous estime beaucoup.

MICHAELA.

J'y pense! si c'était lui qui eût enlevé Basile!

JOVITZA.

Où en serais-je?... un fiancé qu'on dit de la plus belle venue! à ce compte-là, Basile me deviendrait bien cher! (Sur ces mots, un garçon est entré et a parlé à Jovitza.) Eh bien! quoi? qu'y a-t-il?

LE DOMESTIQUE.

Maître, ils demandent du vin.

JOVITZA.

Qui ça?

LE DOMESTIQUE.

Les invités!

MICHAELA, à Jovitza.

Courez leur en donner.

JOVITZA.

J'y vais, (Le garçon sort.) et dire qu'ils boivent ainsi en l'honneur de mon gendre qui n'est pas arrivé!...

VOIX dans la coulisse.

Du vin!...

JOVITZA.

J'y vais! (Aux jeunes filles.) Restez là, vous autres, et si Basile paraît, qu'on vienne m'avertir.

VOIX dans la coulisse.

Du vin!

JOVITZA.

J'y vais!

(Il sort.)

SCÈNE III.

HÉLÈNE, MICHAELA.

MICHAELA.

Comme te voilà triste!... après tout, c'est naturel!... Perdre un mari avant la noce! passe encore si c'était après! je te plains sincèrement.

HÉLÈNE.

Tu crois que c'est l'absence de Basile qui m'afflige?

MICHAELA.

A moins que ce ne soit son arrivée!... (Hélène ne répond rien et baisse la tête.) Comment! il se pourrait? cela promet!...

HÉLÈNE.

Que veux-tu? je ne connais pas mon cousin... ou du moins il y a si longtemps!... lorsque j'étais enfant, que j'habitais encore l'Illyrie, autant que je puis m'en souvenir, il était sot!

MICHAELA.

Tant mieux! c'est une éducation toute faite! Oh! Dieu! un mari bête... c'est mon rêve!...

HÉLÈNE.

Il était laid!

MICHAELA.

Tant mieux! tu n'auras pas l'ennui de voir ses avantages disparaître avec le temps.

HÉLÈNE.

Enfin, je ne l'aime pas!...

MICHAELA.

Tant mieux! J'ai entendu dire à ma mère qu'elle n'aimait pas mon père... et me voici.

HÉLÈNE.

Si tu étais à ma place!

MICHAELA.

Je m'y mettrais volontiers. Songe donc, un mari qui ne te connaît pas et qui vient t'épouser de confiance!... ce n'est pas moi qui aurais cette chance-là!... Tiens, vois-tu, tes dédains ne sont pas naturels, à moins que tu n'aies dans le cœur quelque secrète préférence...

HÉLÈNE.

Moi!...

MICHAELA.

Pourquoi pas?... nous ne sommes pas maîtresses de nos sentiments, de nos pensées!...

HÉLÈNE.

C'est vrai!

MICHAELA.

J'ai deviné?

HÉLÈNE.

Non, mais tu me rappelles que bien souvent j'ai songé malgré moi!...

MICHAELA.

A qui as-tu songé?

HÉLÈNE.

A personne!... Seulement, la nuit, quand j'étais seule avec

mes rêveries, illusion ou vérité, il me semblait entendre comme un murmure qui s'élevait de mon cœur.

ROMANCE.

Premier couplet.

Et j'écoutais, incertaine et ravie,
La douce voix qui berçait mon sommeil !
Tout en suivant la pente de ma vie,
Je souriais en songeant au réveil !...
Je me disais : l'amour, ce bien suprême,
Sur mon printemps n'est pas encor levé...
J'espère et crois, en attendant que j'aime !
J'attends toujours ! Tu le vois, j'ai rêvé !...

Deuxième couplet.

Parfois aussi, vague et discrète image,
Un inconnu vers moi semblait venir,
Triste, proscrit et battu par l'orage ;
Son cœur doutait même de l'avenir !
Je lui donnais, de même qu'un bon ange,
Tout le bonheur dont il était privé !...
Il me donnait son amour en échange,
J'attends toujours ! Tu vois que j'ai rêvé !

Oui, c'était un rêve,
Un rêve bien doux,
Voilà qu'il s'achève,
J'attends mon époux !

Tu vois que je suis libre et que je n'aime personne ; je dirai plus, tous les amoureux me déplaisent, et surtout mon cousin Basile.

MICHAELA.

C'est déjà une préférence !

HÉLÈNE.

Bien méritée, puisque c'est le danger le plus rapproché !...
(Écoutant.) Mon Dieu ! j'entends du bruit. Si c'était...

MICHAELA.

Ton mari ?

HÉLÈNE, s'enfuyant.

Je me sauve!...

MICHAELA, appelant.

Hélène! mais non, ce n'est pas lui... Voilà un garçon qui peut se vanter d'être aimé!... (Appelant.) Hélène! (A elle-même.) Courons consoler la victime!

(Elle sort. Sur la sortie d'Hélène et de Michaëla, Constantin, après s'être assuré qu'il est seul, sort de sa cachette.)

SCÈNE IV.

CONSTANTIN.

Sauvé!... pour un instant!... mais traqué, poursuivi, chaque pas peut me rejeter dans le péril. Je ne puis pourtant pas rester plus longtemps là-dedans, j'y mourrais! et mourir étouffé ou autrement, c'est tout un... Mieux vaut même autrement, quand, comme moi, on a l'honneur d'être soldat!... Triste honneur qui me livre à la plus sourde de toutes les justices! Comment dire seulement que je suis innocent? on ne m'écoutera pas... pris! fusillé!... c'est la consigne! que faire?... Ma foi, essayons d'abord de dîner, je meurs de faim... une troisième perspective que j'ai là! et il est peu probable que j'échappe à celle-là, vu l'état des finances. (Il frappe sur sa poche vide. Gaiement.) Ah! bah!

   Lutter souvent contre la mort,
   Et lutter contre la souffrance,
   D'un vrai soldat tel est le sort!...
Mais au fond de ses maux il garde l'espérance.
Rions de tous les miens, puisque je suis soldat,
Mais espérons toujours, puisque c'est mon état!

COUPLETS.

Premier couplet.

Sur la tente de toile,
Où le soldat repose et dort
Bien fort,
Voyez-vous cette étoile
Qui, dans le ciel, pendant la nuit,
Reluit ?
Demain, de l'ardente bataille
On entendra gronder soudain
L'airain.
Demain, à travers la mitraille,
Il faudra courir
Sans pâlir !
L'honneur parle, il faut obéir,
Pauvre soldat ! il faut mourir.

(Gaiement.)

Mais non, dans la nuit brune
Mon étoile poursuit toujours
Son cours ;
Suis-la, c'est la fortune,
Marche gaîment, car la voilà
Là !

Courage ! courage !
Et bravant souvent
L'orage,
Marche en avant,
En avant !

Deuxième couplet.

Voici l'aube vermeille,
On annonce au son du tambour
Le jour.
Debout, et qu'on s'éveille !
Entonnons le chant du départ ;
On part !
Sous un ciel de feu qui dévore,

Bientôt, chacun demande ici
　　　　Merci !
La soif, la faim, que sais-je encore !
　　Faute d'un repas,
　　　　Le trépas !
Dans votre état, pauvres soldats,
On meurt, mais l'on ne dîne pas.
　　(Gaiement.)
　　Mais non ! toujours fidèle,
Au milieu des feux du matin
　　　　Lointain,
　　Mon étoile étincelle,
Marchons sans crainte, la voilà,
　　　　Là !

　　Courage ! courage ! etc.

Mais d'abord quittons cet habit qui peut me faire reconnaître ; maintenant, ô mon étoile, je ne te demande plus que deux choses, un autre habit et un bon dîner ! (Bruit de voix dans la coulisse.) Quelqu'un !... un soldat turc !...

SCÈNE V.

MICHAELA, CONSTANTIN.

MICHAELA, à la cantonade.

Oui, je vous préviendrai dès que je l'aurai vu !

CONSTANTIN.

Non, une femme !

MICHAELA, se retournant et apercevant Constantin.

Ah ! c'est lui !

CONSTANTIN, à part.

Je suis pris !

MICHAELA.

Le marié !

DUO.

MICHAELA, très-vite.

Enfin ! vous voici...
C'est vous, Dieu merci !
Vous qu'on cherche ici,
Dans cette demeure !

CONSTANTIN, effrayé, voulant la faire taire.

Silence avec tous !
Des regards jaloux
Peut-être sur nous
Veillent à cette heure !...

MICHAELA, voulant rentrer.

Je vais leur dire de ce pas...

CONSTANTIN, la retenant.

Qu'allez-vous faire ?...
Sachez vous taire !...

MICHAELA.

Qui ? moi ! me taire ?
Ah ! vous ne me connaissez pas !...

Ensemble.

MICHAELA, très-vite et très-gaiement.

Comme un feu qui pétille,
Je babille, babille...
Sachez-le, je suis fille...
Mais ce n'est pas pour rien !
N'agissant qu'à ma tête,
Toujours, sans qu'on m'arrête,
A parler je suis prête !
Je parle et parle bien !

CONSTANTIN.

Oh ! la maudite fille,
Qui babille, babille...
Oh ! la maudite fille
Qui parle et n'entend rien !
Cette langue indiscrète,

Qui jamais ne s'arrête,
A me trahir est prête,
Ici je le vois bien.

CONSTANTIN, la retenant toujours.

De grâce !

MICHAELA, s'arrêtant.

Mais je vous regarde...
Pardon ! je n'avais pas pris garde !...
(Éclatant de rire.)
Ah ! ah ! ah ! ah ! ah ! ah ! ah !
Mais dans quel état le voilà !

CONSTANTIN.

Je vais vous expliquer l'affaire...

MICHAELA.

Pardine ! elle est pour moi bien claire !
Je l'avais dit,
Dit et prédit ;
Pris, arrêté sur votre route,
Par ces bandits ?

CONSTANTIN, frappé d'une idée.

Eh ! mais sans doute !

MICHAELA, gaiement.

Vous voyez bien qu'on vous connaît
Comme si l'on vous avait fait ;
Car moi, chacun le sait,

Comme un feu qui pétille, etc.

CONSTANTIN, gaiement, à part.

Oh ! la drôle de fille,
Qui babille, babille...
Elle est, ma foi, gentille !
Et je ne crains plus rien !
Sa langue peu discrète,
Que jamais on n'arrête,
A me sauver est prête
Par quelque bon moyen !

MICHAELA, continuant.

Vous êtes le cousin Basile
Qu'on n'a pas vu depuis quinze ans !
Pour vous embrasser à la file,
Tout le pays est là, céans !

CONSTANTIN, gaiement.

Quoi ! pour m'embrasser à la file !...
D'avance je leur tends les bras !
(A Michaëla.)
Parlez ! ne vous arrêtez pas ?...

MICHAELA, de même.

Pour être le mari d'Hélène,
Fille de votre oncle Thomas,
Vous arrivez tout d'une haleine,
Vu ses écus et ses appas !...

CONSTANTIN.

Parlez ! ne vous arrêtez pas !...

MICHAELA.

C'est demain que, dans ce village,
Se célèbre le mariage !...

CONSTANTIN.

Demain !

MICHAELA, lui montrant la maison.

Et vos habits, du naufrage sauvés,
Avant vous, là sont arrivés !

CONSTANTIN, faisant un pas.

Mes habits !...

MICHAELA.

Patience !
Je vais les quérir !...

CONSTANTIN.

Quelle chance !

(Michaëla sort un moment. — Constantin, seul, avec une joie profonde.)

Destin que j'ai prié,

Tu me prends en pitié !
Allons, et pour une heure
Soyons le marié.
Rêver chance meilleure,
Serait vraiment un tort !
Allons, et pour une heure
Laissons faire le sort !...

MICHAELA, revenant avec un habit et regardant Constantin.

Le gentil marié !...
Lui qu'on a décrié !
J'en sais bien à cette heure
Qui l'auraient envié !
Ah ! dans cette demeure,
On a certes bien tort,
On se désole, on pleure...
Moi, je rirais bien fort !
(Passant l'habit à Constantin.)
Vous souviendrez-vous du service
Que je vous rends en pareil jour ?

CONSTANTIN, l'embrassant.

Oh ! oui, que ne puis-je à mon tour
Vous rendre même office !

Ensemble.

MICHAELA.

Le gentil marié, etc.

CONSTANTIN.

Destin que j'ai prié, etc.

MICHAELA, appelant.

Venez donc !... le voici !...

SCÈNE VI.

CONSTANTIN, MICHAELA, JOVITZA.

JOVITZA, paraissant.

Qui ça?

MICHAELA, montrant Constantin.

Lui! votre gendre!

JOVITZA, à Constantin.

Basile!... Te voilà donc, et je te tiens enfin!

CONSTANTIN, hésitant.

Monsieur!...

JOVITZA.

Comment, monsieur? veux-tu m'appeler mon oncle!

CONSTANTIN.

Mon oncle!

JOVITZA, le regardant.

C'est qu'il n'est pas changé... le portrait de son père, quoi!... Oh! je t'aurais reconnu tout de suite!

MICHAELA.

Je l'ai bien reconnu, moi qui ne l'avais jamais vu!

JOVITZA.

Sais-tu que tu nous as causé une inquiétude... Qui diable a pu te retarder autant?

CONSTANTIN.

Mais...

MICHAELA.

Je vous l'avais bien dit... pris par Broskovano!

JOVITZA.

Miséricorde!... et il t'a relâché?

MICHAELA.

Sans rançon?

CONSTANTIN.

Sans rançon!

JOVITZA.

Sans rançon! seigneur! que c'est heureux!... Dis donc, Broskovano a dû te faire bien peur?

MICHAELA.

Mais non, pas trop.

CONSTANTIN.

Pas trop!

JOVITZA.

Pas trop! tu es donc un héros?

MICHAELA.

C'est un héros!

JOVITZA.

Tant mieux! ça manquait dans la famille! mais tu as un drôle d'air... pourquoi ne dis-tu rien?

MICHAELA.

La fatigue!...

CONSTANTIN.

La fatigue...

MICHAELA.

Vous avez un peu faim, peut-être?

CONSTANTIN.

Non, j'ai très-faim!

JOVITZA, à Michaëla.

Vous l'entendez, voisine!... vite sur cette table, un pain, du jambon, une bouteille du meilleur!... (Michaëla s'empresse.) Assieds-toi, nous allons te servir!

TRIO.

JOVITZA, gaiement.

Allons, à table!

Mange sans façon
Et bois, mon garçon!
Que la fatigue qui t'accable
Se dissipe à table!

CONSTANTIN, à part, interdit.

Me mettre à table?
Mais que dirait-on
Si je disais : Non!

(S'asseyant.)

Le sort, dont la rigueur m'accable,
Est seul coupable!

MICHAELA.

Allons, à table!
Dans cette maison
Le vin est fort bon.
Moi je veux, tant je suis aimable,
Vous servir à table!...

(Se levant.)

Goûtez ce vin...

JOVITZA, de même.

Pour toi conservé tout exprès!

CONSTANTIN.

Ma foi, buvons d'abord et nous verrons après!

JOVITZA, après qu'il a bu.

Causons un peu de la famille.

CONSTANTIN, effrayé.

Quoi!

JOVITZA.

Que fait-elle?

CONSTANTIN, à part.

O ciel! quel embarras!

MICHAELA, gaiement.

S'il parle, il ne mangera pas!

JOVITZA.

Elle a raison!

MICHAELA.

Songez à votre fille !
Un amoureux à jeun n'aurait pas de succès.

JOVITZA, le servant.

Vite alors, ce jambon arrosé de Xérès.

CONSTANTIN, s'animant.

Ma foi, mangeons d'abord et nous verrons après.

Ensemble.

CONSTANTIN, buvant.

Les chagrins arrière !
Pourquoi s'affliger ?
Cherchons dans ce verre
L'oubli du danger !
Assez tôt l'orage,
Dont je crains la rage,
Viendra, j'en ai peur,
Briser mon bonheur !

JOVITZA, joyeux.

Le joyeux compère,
Qui, sans s'affliger,
Ne vide son verre
Que pour mieux manger !
Quand j'avais son âge,
Hormis son courage,
J'avais même ardeur
Au fond de mon cœur !

MICHAELA, regardant boire Constantin.

Le joyeux compère,
Qui, sans s'affliger,
Ne vide son verre
Que pour mieux manger !
Plus tard, en ménage,
Il saura, je gage,
Montrer même ardeur
Et même valeur !...

SCÈNE VII.

Les mêmes ; HÉLÈNE, paraissant sur le seuil de la ferme, Constantin se lève à sa vue.

QUATUOR.

CONSTANTIN.

Quelqu'un !

JOVITZA, allant chercher sa fille.
C'est lui !...

MICHAELA, bas à Constantin.
C'est elle ! c'est Hélène !

JOVITZA, à Hélène.

Ton cousin !

MICHAELA, à Constantin.
Votre femme !

HÉLÈNE et CONSTANTIN, sans se regarder.
Ah ! je respire à peine !

(Sur la ritournelle de l'ensemble suivant, les deux jeunes gens se regardent émus, rougissant. Jovitza et Michaëla les observent avec malice.)

Ensemble.

HÉLÈNE.

Ah ! malgré moi,
Rien qu'à sa vue
Je suis émue.
Mon cœur, tais-toi !
De ma jeunesse
Le songe heureux
Enfin se dresse
Devant mes yeux !

CONSTANTIN.

Ah ! malgré moi,

Rien qu'à sa vue
Mon âme émue
Tremble, je croi.
Moment d'ivresse,
Rêve des cieux,
Soudain se dresse
Devant mes yeux!

MICHAELA.

Fort bien, ma foi!
Douce entrevue!
Son âme émue
N'a plus d'effroi!
Même tendresse
Brille à leurs yeux.
Ça m'intéresse,
Des amoureux!...

JOVITZA.

Fort bien, ma foi!
Douce entrevue!
Son âme émue
N'a plus d'effroi!
De ma jeunesse
Le songe heureux
Soudain se dresse
Devant mes yeux!

JOVITZA, passant vers Constantin.

Comment la trouves-tu?

CONSTANTIN, soupirant.

Trop belle!

MICHAELA, à Hélène.

Et toi, plaintive tourterelle!
N'est-ce pas qu'il est bien?

HÉLÈNE, baissant les yeux.

C'est vrai!

JOVITZA, gaiement.

Or çà, qu'on s'embrasse à l'essai!

HÉLÈNE et CONSTANTIN.

O ciel! y pensez-vous?

JOVITZA, gaiement.

J'y pense!

(Poussant Constantin.)

A titre de cousin, vite un baiser bien doux!

MICHAELA, le poussant de l'autre côté.

Puis un autre à titre d'époux!

MICHAELA et JOVITZA.

C'est le moyen de faire connaissance.

MICHAELA, poussant Constantin.

Allons!

JOVITZA, poussant Hélène.

Allons!

MICHAELA, poussant Constantin.

Plus près!

JOVITZA, poussant Hélène.

Plus près!

CONSTANTIN, prenant son parti.

Embrassons-la d'abord, et nous verrons après!

Ensemble.

HÉLÈNE, à part.

Craintive naguère,
Prompte à m'affliger,
Voici que j'espère
Et ris du danger!
C'est lui! c'est l'image
Qui, dans mon jeune âge,
Était de mon cœur
Le rêve enchanteur!

CONSTANTIN, à part.

Riante chimère,
Rêve passager,
Qu'un destin sévère

Bientôt va changer !
Te fuir est dommage,
Du moins, chère image,
Accorde à mon cœur
Un jour de bonheur !

MICHAELA.

Tout va bien, j'espère,
D'un trouble léger
Ce joyeux compère
Va la corriger !
Déjà, je le gage,
Elle est moins sauvage,
Et déjà son cœur
Le voit sans frayeur !

JOVITZA.

Tout va bien, j'espère,
D'un trouble léger
Ce joyeux compère
Va la corriger !
O doux mariage
Qui de mon lignage,
Si j'en crois mon cœur,
Fera le bonheur !...

SCÈNE VIII.

LES MÊMES ; HASSAN, suivi DE SOLDATS.

HASSAN, à ses hommes.

Qu'on s'arrête dans ce lieu !

JOVITZA.

L'aga !...

HASSAN, de même.

Et qu'on attende mes ordres !

JOVITZA.

L'aga chez moi ?

CONSTANTIN, à part.

L'aga! c'est moi qu'il cherche!

HASSAN.

Salut, maître Thomas! Par la jument du Prophète, qu'il fait donc chaud!

JOVITZA.

Michaëla! ma fille! Sa Seigneurie a chaud! servez Sa Seigneurie!

HASSAN.

Oui, très-bien! servez-moi! (S'asseyant.) Ah! Alli! Alla! qu'il fait donc chaud!... (Voyant les jeunes filles lui apporter une bouteille et un verre.) Oh! qu'est ceci? (A Jovitza.) Tu bois du vin?

JOVITZA.

Dame! moi je suis chrétien!

HASSAN.

C'est vrai! tu es chrétien, un chien de chrétien!... Tu es bien heureux. Est-il bon, est-il vieux, ton vin?

JOVITZA.

Bon comme vous, vieux comme moi.

HASSAN.

Drôle! tu nous flattes! Je voudrais bien savoir si tu dis vrai pour lui... (Il montre la bouteille.) Mais le Prophète défend...

MICHAELA, prête à verser.

Ah bah! il aurait dû défendre au soleil d'être si chaud!

HASSAN, la regardant.

Impie! (Gaiement.) Tu as raison! verse-moi quelques gouttes, va!... mais va donc, te dis-je! (Goûtant le vin et s'adressant à Jovitza.) Tu ne l'as pas flatté, je m'y connais!

JOVITZA.

Hein?...

HASSAN.

Il fait si chaud! (Tendant son verre.) Encore. (Après avoir bu.) Imagine-toi que depuis ce matin je fais poursuivre et je poursuis moi-même, dans toutes les directions, un soldat qui a tué...

JOVITZA.

Qui donc?...

CONSTANTIN, à part.

Tout va se découvrir!

HASSAN, qui a vidé son verre.

Je n'en sais rien! La victime étant morte sur le coup, tu conçois que, malgré toute ma sagacité, je n'ai pu en tirer aucune révélation! Du reste, elle était bien vêtue. Ce doit être un seigneur...

CONSTANTIN, à part.

C'est fait de moi!

HASSAN.

Je l'ai fait conduire à la ville avec tous les égards possibles, et j'ai donné la chasse à l'assassin!...

MICHAELA.

Est-il jeune, est-il beau, l'assassin?

HASSAN.

Puisque je l'ai poursuivi, toujours poursuivi, je ne l'ai pas vu de face.

CONSTANTIN, à part.

Je respire!

HASSAN.

Si celui-là croit m'échapper... C'est comme Broskovano, tu sais, le célèbre Broskovano?... voilà trois mois que je suis à sa poursuite... trois mois, entends-tu bien?

JOVITZA.

Trois mois! Vous devez être fatigué.

HASSAN.

Et altéré! (Tendant son verre.) A boire!

MICHAELA, lui versant à boire.

Ne serait-ce pas Broskovano qui a tué ce seigneur?

HASSAN.

Que j'ai fait conduire à la ville?... Tiens, voilà une idée! oui, ce doit être lui! c'est lui!... Il n'en fait jamais d'autres!

JOVITZA.

Un brigand!

MICHAELA, montrant Constantin.

Un démon! qui ce matin encore vient d'arrêter ce jeune homme!

JOVITZA.

Le futur de ma fille!...

HASSAN, le regardant.

C'est là ton gendre? il est gentil, ce garçon!... (Regardant Hélène.) et ta fille est charmante!... Comment, ce Broskovano s'est permis... Eh bien! j'en suis fort aise!

JOVITZA.

Pourquoi?...

HASSAN.

C'est un nouveau rapport que j'aurai à transmettre au prince Ipsilanti, qui les paie bien... Aussi, j'en fais beaucoup, j'en fais toujours... je ne fais que cela... De plus... attends un peu... (A ses gens.) Holà! vous autres! (A Constantin.) Viens ici, toi... (Constantin se met à la table.) et rédige à l'instant une proclamation promettant dix mille piastres à celui qui arrêtera ou tuera Broskovano. Bien. (A ses gens.) Affichez ceci contre cet arbre, afin que tout le monde soit prévenu.

JOVITZA.

Dix mille piastres! une fortune!...

HASSAN.

Impossible à gagner! Tu dois comprendre que si Broskovano avait dû se laisser prendre par quelqu'un, c'eût été par moi, puisque rien ne m'échappe...

JOVITZA.

Parfaitement juste!

HASSAN.

Mais le difficile, c'est que son habileté tourne au surnaturel. Je soupçonne, pour ma part, ce drôle d'être vampire!

TOUS.

Vampire!

HASSAN.

La chose est très-fréquente dans ce pays damné... Ce qui me fait croire cela, c'est qu'on a tué dix fois Broskovano et qu'il revient toujours!

CONSTANTIN.

Le même?

HASSAN.

Oui, certes! Tenez, moi qui vous parle, pour ma part je l'ai tué une fois.

TOUS.

Une fois!

HASSAN.

Une fois au moins! et il court encore! Vous conviendrez que cela n'est pas naturel...

JOVITZA.

Je suis malade de peur, rien qu'en écoutant vos histoires de vampires!

MICHAELA.

Rassurez-vous, ça ne mange que les jeunes filles...

JOVITZA.

Bien sûr?

HASSAN.

Bien sûr!...

MICHAELA.

Oui, c'est connu! Vous savez la légende?

HASSAN.

Certainement! je sais tout... dis toujours.

BALLADE.

MICHAELA.

Premier couplet.

Tremblez de voir
Le spectre noir
Qui vient sous les charmilles
Se promener le soir!
Quand fuit le jour,
Il vient autour,
Autour des jeunes filles,
Et leur parle d'amour.
En tapinois
C'est toi qu'il guette,
Cache, ma pauvrette,
Ton frais minois!
Fuis, car celle qu'il atteindra,
Longtemps, longtemps s'en souviendra,
Oui-da!

TOUS, avec terreur.

Ah!

MICHAELA.

Fuis, car celle qu'il atteindra,
Longtemps, longtemps s'en souviendra!

TOUS.

Ah!

MICHAELA.

Deuxième couplet.

Pendant la nuit,
Cherchant sans bruit
Qui ne sait se défendre,
Bien vite il la poursuit !
Gare au baiser
Qu'il sait oser,
Qu'il sait oser vous prendre
Comme pour s'amuser !
Ce baiser-là
Vous rend vampire,
Sous son empire
Vous voilà !
Oui, celle qu'il embrassera,
Longtemps, longtemps s'en souviendra,
Oui-da !

TOUS.

Ah !

MICHAELA.

Oui, celle qu'il embrassera,
Longtemps, longtemps s'en souviendra !

TOUS.

Ah !

HASSAN.

Voyez vous ces drôles-là qui n'aiment que les jeunes filles !... Ça, maître Jovitza, prends bien garde à la tienne !

JOVITZA.

Elle se marie demain, seigneur aga ; par conséquent...

HASSAN, riant.

C'est juste !

JOVITZA, humblement.

Si même, à ce propos, Sa Seigneurie daignait nous honorer au point d'assister au repas...

HASSAN.

Je daignerais volontiers... mais il faut que demain je me rende à la ville pour cette affaire. Si demain était aujourd'hui, j'accepterais... Au fait... pourquoi n'avances-tu pas ce mariage à cause de moi?

CONSTANTIN, à part.

Que dit-il?

JOVITZA.

Avancer le mariage?

HASSAN.

Sans doute, si tu es bon père, tu dois craindre que d'ici à demain, ta fille ne soit la proie de cet affreux vampire qui rôde dans les environs.

JOVITZA.

C'est vrai!

HASSAN.

Eh bien! alors?

MICHAELA.

Sans doute... les invités sont là... le repas est prêt!

HASSAN.

Ah! le repas est prêt; j'ordonne qu'il soit mangé tout de suite!

CONSTANTIN, à part.

O ciel!

JOVITZA, à Hélène.

Et bien... ma fille?...

HÉLÈNE.

Je suis toute disposée à obéir...

JOVITZA, à Michaëla, qui sort.

Va donc donner des ordres et prévenir tout le monde!

CONSTANTIN.

Permettez... un mariage aussi prompt... cela ne se peut pas!

HÉLÈNE, surprise.

Il hésite!

JOVITZA, de même.

Il refuse!

HASSAN.

Cela ne se peut pas... pourquoi? Voyons, parlez!

FINALE.

CONSTANTIN, à part.
Ici, que résoudre et que faire?
Je ne puis ni ne dois me taire,
Et si je parle, c'est la mort!

TOUS.
Balancer! Vraiment, c'est trop fort!

JOVITZA.
Lorsqu'on nous attend à l'église...

HASSAN.
Lorsque pour nous la table est mise...

CONSTANTIN, à part, montrant l'aga.
Voici le danger le plus près.

(Parlé.)
Eh bien! soit!...
(Reprenant l'air.)
Marions-nous d'abord, et nous verrons après!

(Il va prendre la main d'Hélène.)

SCÈNE IX.

LES MÊMES; MICHAELA, LES INVITÉS.

LE CHŒUR.

Moment charmant!
Partons gaîment,
Suivons la voix qui nous invite,
Et vite, et vite!

5.

Pour ces époux
Mêlons nos vœux et nos chants les plus doux !

JOVITZA, à l'aga.

Nous suivez-vous ?

HASSAN.

Il faut que je demeure.
Je dois ici rédiger mon rapport.

CONSTANTIN, à part, tenant la main d'Hélène.

Pour être heureux, puisque je n'ai qu'une heure,
Profitons-en, et laissons faire au sort !

Ensemble.

CONSTANTIN.

Plus de tourment !
En ce moment
Si mon cœur bat, c'est l'amour qui l'agite.
Profitons vite
D'un sort bien doux !
S'il faut mourir, je mourrai son époux.

HÉLÈNE.

En ce moment
Doux et charmant,
Je sens mon cœur qui tremble et qui s'agite ;
Mais s'il palpite,
Près d'un époux,
C'est de bonheur et d'un espoir bien doux !

HASSAN.

Partez gaîment,
En ce moment
A rester le devoir m'invite,
Revenez vite,
Au rendez-vous,
Je veux trinquer, je veux boire avec tous !

MICHAELA.

Moment charmant ! etc.

JOVITZA.

Moment charmant! etc.

LE CHŒUR.

Moment charmant! etc.

(Tous s'éloignent en gravissant la montagne, derrière laquelle ils finissent par disparaître.)

SCÈNE X.

HASSAN, SOLDATS.

HASSAN, se disposant à écrire sur la table.

Ils s'éloignent; fort bien, dépêchons-nous d'écrire.
(A ses soldats.)
Pendant ce temps, vous pouvez boire et rire...
(Les soldats s'emparent des bouteilles apportées par Michaëla, et se mettent à boire.)

LES SOLDATS.

Francs lurons,
Débouchons
Ces flacons,
Et buvons!
(S'animant peu à peu.)
De ces chiens
De chrétiens
Je soutiens
Que la règle est bonne!
Qu'on me donne
De leur vin,
Et je dis soudain
Qu'il est divin!
Mahomet,
Trop discret,
Ne permet
Que l'eau claire et pure!
Mais je jure

Que ses fils
Seront gris
Dans son paradis !...

(Pendant ce temps, l'aga s'est assoupi ; il est assis et rêve.)

HASSAN, rêvant.

Un vampire !... qu'on l'arrête !...

(Parlé, pendant le chœur.)

Qu'on arrête tout le monde... et qu'on m'arrête aussi... je suis un vampire... un aimable vampire !...

LE CHŒUR, à demi-voix.

Il a du vin dans la tête,
Et le voici qui s'endort !...
Buvons ! mais chantons moins fort !

(Très-doux.)

De ces chiens
De chrétiens, etc.

La dernière partie de ce chœur doit être en *forte*. Hassan s'éveille brusquement et se trouve face à face avec Basile.)

SCÈNE XI.

Les mêmes ; BASILE, effaré, en désordre ; puis, JOVITZA, HÉLÈNE, MICHAELA, CONSTANTIN et tous les Invités.

BASILE.

M'y voici donc, et j'imagine...

HASSAN, défiant.

Peste ! quelle mauvaise mine !

BASILE, prêt à entrer dans la maison à gauche.

Je vais...

HASSAN, l'arrêtant, après avoir fait signe à ses gens de l'entourer.

Çà, que demandes-tu ?

BASILE, un peu interdit.

Mon oncle Jovitza, le chef de la famille,
Dont je viens épouser la fille...

HASSAN.

Toi?

BASILE.

Moi!

HASSAN, incrédule.

Connu! connu!
Tu viens bien tard!

BASILE.

Arrêté, retenu!

HASSAN.

Toi?

BASILE.

Moi!

HASSAN.

Connu! connu!
Ainsi, tu venais pour la fête?

BASILE.

De demain...

HASSAN.

Connu!
(A ses gens.)
Qu'on l'arrête!

BASILE, étonné.

M'arrêter, moi! comment, encor!...
Deux fois de suite, c'est trop fort!

HASSAN, qui a réfléchi.

Mais si c'était?... tout se dénoue...
(A Basile.)
Dis-moi, ne connaîtrais-tu pas
Broskovano?

BASILE.

Que trop, hélas!

HASSAN.

Par le saint Prophète, il avoue !
Plus de doute, c'est lui !

TOUS.

C'est lui !
Et nous le tenons aujourd'hui !
(Tous les soldats se sont jetés sur Basile et le menacent.)

Ensemble.

BASILE.

L'ennuyeuse histoire !
Je ne puis y croire,
Et quel sort maudit
Ici me poursuit !

HASSAN et LE CHŒUR.

Victoire ! victoire !
Pour nous quelle gloire !
C'est lui, ce bandit,
Ce bandit maudit !...

(Tous les sabres sont levés sur Basile.)

HASSAN.

Arrêtez ! pas de promptitude !
En le tuant, il reviendrait !

TOUS, avec terreur.

Il reviendrait !

HASSAN.

Oui, c'est son habitude.
(Bruit de fête. C'est la noce qui revient.)
Partons ! Mais, non !... j'entends la noce qui revient...

BASILE.

La noce ?... c'est la mienne !

HASSAN.

Qu'est-ce que je vais faire de mon vampire ?... Quelle idée ! (Montrant la cave de la maison à gauche.) Qu'on l'enferme là-dedans...

BASILE, se débattant.

C'est mon oncle! je vous dis que c'est mon oncle!

HASSAN.

Qu'on l'enferme avec son oncle!

BASILE.

Ciel! ma femme!

HASSAN.

Avec sa femme!... Comme ça... je pourrai dîner tranquille!...

(Le cortége est revenu, les danses commencent. On entraîne Basile tandis que Constantin paraît, donnant le bras à Hélène et suivi de tous les amis qui poussent des cris de joie.)

HASSAN et LES SOLDATS.

Victoire! victoire! etc.

LE CHŒUR DES INVITÉS.

En ce moment,
Chantons gaîment,
C'est le plaisir qui nous invite,
Et vite! et vite!
Pour ces époux
Mêlons nos vœux et nos chants les plus doux!

HÉLÈNE.

En ce moment, etc.

CONSTANTIN.

Plus de tourment! etc.

MICHAELA.

En ce moment, etc.

JOVITZA.

En ce moment, etc.

HASSAN, à Jovitza.

Broskovano, le bandit redouté,
Enfin, par moi, mon cher, est arrêté !...

LE CHŒUR DES INVITÉS.

En ce moment, etc.

HASSAN et LES SOLDATS.

Victoire ! victoire ! etc.

ACTE DEUXIÈME

L'intérieur d'une chambre turque. — Fenêtre à gauche, porte à droite, porte au fond.

SCÈNE PREMIÈRE.

HÉLÈNE, MICHAELA, Jeunes Filles.

LE CHOEUR DES INVITÉS, derrière la scène.
Voici la nuit !
Sous les voiles bleus de la nuit
L'étoile d'or scintille et luit !
Partons sans bruit !
Déjà loin des yeux et du bruit
La vierge timide s'enfuit !

LE CHOEUR DES JEUNES FILLES, sur la scène.
Heure du mystère,
Pâle messagère,
Qui des amours
Charme le cours,
Vole moins légère !
Compagne si chère,
Qui vois de la terre
S'ouvrir des cieux
Si radieux,
Reçois nos adieux !

MICHAELA, aux jeunes filles.
Jusqu'à l'heure où, pour notre compte,

Nous viendrons en ce doux réduit...
Et puisse cette heure être prompte!...
Venez! retirons-nous sans bruit!

LE CHŒUR.

Bonsoir! bonsoir et bonne nuit!
(En s'éloignant, le chœur reprend le premier motif.)
Heure du mystère, etc.
(Les portes se referment sur Michaëla et les jeunes filles.)

SCÈNE II.

HÉLÈNE.

AIR.

Non, ne me quittez pas encore!
Mes sœurs, sans vous, seule, j'ai peur!
Elles sont loin, et dans mon cœur
Je sens un trouble que j'ignore.

O mon ange gardien,
Invisible soutien
De ma vie!
O toi dont tous les pas
M'ont suivie,
Ne m'abandonne pas!

Ange de la famille,
Dont les regards discrets
Ont lu tous mes secrets,
Quand j'étais jeune fille!

O mon ange gardien, etc.

Mais qu'entends-je au lointain, là, dans la nuit profonde,
Et quels bruits montant tour à tour,
Au ciel semblent porter du monde
L'hymne de l'éternel amour!

Voix douce et lointaine,

Que des vents l'haleine
Chasse de la plaine,
Nuit calme et sereine,
Tous vos bruits charmants,
Qu'ici j'entends,
Ah! tout émeut mes sens!

Tout ce qui respire
Se cherche et s'attire ;
Tout semble me dire :
Laisse-toi charmer!
Tout chante et soupire,
Tout semble me dire
Qu'il est temps d'aimer!

Oui, déjà, soudaine merveille,
Je sens mon âme qui s'éveille
Et qui s'ouvre aux feux de l'amour,
Comme la fleur à ceux du jour.

Tout ce qui respire, etc.

SCÈNE III.

HÉLÈNE, CONSTANTIN.

CONSTANTIN, au fond.

Voici l'instant de tout lui dire. (Faisant quelques pas.) Hélène, auriez-vous peur de moi?

HÉLÈNE.

Peur! non... le cœur vous bat quand, pour la première fois, on est près d'un mari.

CONSTANTIN, entraîné.

Un mari! Sachez tout, chacun me croit heureux, chacun me porte envie; on ne sait pas ce que j'éprouve d'inquiétude et de chagrin!

HÉLÈNE.

Du chagrin!... mais pourquoi?

CONSTANTIN, avec trouble.

Parce que ce matin, quand je suis arrivé, je ne pensais à rien... c'est une jeune fille qui m'a dit...

HÉLÈNE.

Michaëla? Oh! d'abord, il faut toujours qu'elle parle!

CONSTANTIN.

C'est bien cela.

HÉLÈNE.

Elle vous a dit que, malgré l'obéissance que je dois à mon père, malgré les liens de parenté qui nous unissent, l'idée seule du mariage me causait un effroi...

CONSTANTIN, vivement.

Vraiment?

HÉLÈNE.

J'avais beau me gronder et me dire que c'est mal de ne pas aimer son fiancé... C'était plus fort que moi!...

CONSTANTIN.

Qu'entends-je!... vous n'aimiez pas votre cousin Basile?

HÉLÈNE, timidement.

Non... à cause de son titre... et tous les épouseurs me produisaient cet effet-là. Avec la même franchise, je vous avouerai que mes préventions se sont dissipées; je sens qu'il m'en coûtera peu pour vous estimer... pour vous... enfin, vous voyez que je vous dis toute la vérité, et soyez bien certain que je vous la dirai toujours!

CONSTANTIN.

Hélène!

HÉLÈNE.

Eh bien, êtes-vous encore malheureux?

CONSTANTIN, avec désespoir.

Ah! plus que jamais! car je vous aime! dès que je vous ai vue, j'ai senti que je vous aimerais toute ma vie!

HÉLÈNE, naïvement.

C'est comme moi! mais alors il n'y a pas grand mal.

CONSTANTIN.

Oh, si! car ce bonheur, que j'aurais payé de ma vie!... je ne puis, ni ne dois l'accepter...

HÉLÈNE.

Pourquoi donc?

CONSTANTIN.

Il y a entre nous un obstacle...

HÉLÈNE.

Un obstacle?

CONSTANTIN.

Je vous ai abusée!

HÉLÈNE.

Vous!...

CONSTANTIN.

Non sur mon amour qui ne finira qu'avec moi, mais je ne suis pas ce que vous croyez!... Errant, fugitif... proscrit... mes jours sont menacés!...

HÉLÈNE, tendrement.

Et c'est là, dites-vous, ce qui doit nous séparer?... Non... non... je partagerai vos dangers!

CONSTANTIN, avec amour.

Hélène!

JOVITZA et MICHAELA, en dehors.

Hélène! ma fille!

CONSTANTIN, très-troublé.

Et tenez, ce danger, le voilà qui s'approche. Je suis perdu!...

HÉLÈNE, avec un cri.

Perdu!...

CONSTANTIN, montrant la porte à droite.

Ah! ce cabinet!...

HÉLÈNE.

Oui, il y a une fenêtre... Eh bien! qu'attendez-vous?

CONSTANTIN.

J'attends... je... je voudrais vous remercier de la pitié...

HÉLÈNE, avec reproche.

De la pitié!... croyez-vous donc, monsieur, qu'il n'y ait que cela!...

CONSTANTIN, l'embrassant.

Hélène!...

HÉLÈNE, lui montrant le cabinet.

Partez!... Partez vite! (Voyant la porte du fond s'ouvrir.) Ah! (Jovitza se précipite dans la chambre suivi de Michaëla, au moment où Constantin disparaît.)

SCÈNE IV.

HÉLÈNE, JOVITZA, MICHAELA.

JOVITZA, très-ému.

Ma fille! je te retrouve enfin!...

MACHAELA, de même.

Tu l'as échappé belle!... Mais où est-il?

HÉLÈNE.

Qui donc?

JOVITZA.

Ton mari!

HÉLÈNE, balbutiant.

Mon mari?... je crois qu'il est sorti...

JOVITZA.

Sorti!... à cette heure?

MICHAELA.

Par où a-t-il passé?

HÉLÈNE.

Que sais-je?... par la fenêtre.

JOVITZA.

Laisse donc!... vingt pieds de haut! et l'aga est là en bas avec ses hommes.

HÉLÈNE, à part.

Mon Dieu! (Haut.) Mais que lui voulez-vous?

JOVITZA.

Nous voulons le faire pendre.

HÉLÈNE.

Mon mari!

JOVITZA

Ton mari, par exemple!... un intrigant! un drôle qui nous a tous trompés... Heureusement, le vrai Basile est retrouvé.

HÉLÈNE.

Basile!

JOVITZA.

Imagine-toi qu'on l'avait arrêté, maltraité, mis sous clef; tandis que l'autre se faisait passer pour mon gendre, s'asseyait à ma table, dégustait mon vin et épousait ma fille!...

MACHAELA.

Pauvre monsieur Basile!... et dire qu'avec tout ça on allait encore l'emmener à la ville... mais il a tant crié, il s'est tant démené!...

JOVITZA.

Qu'on a fini par me prévenir. Alors, il m'a montré ses papiers, des lettres de son père, de mon frère à moi...

enfin des preuves de son identité ; j'ai dû me précipiter dans ses bras... Tandis que nous étions tous deux sous l'émotion de cette reconnaissance : Et l'autre ? me suis-je écrié !... qu'est-ce qu'il fait là-haut ?

MICHAELA.

Et nous sommes accourus !

SCÈNE V.

Les mêmes ; HASSAN, BASILE, Soldats.

HASSAN.

Le voici !

BASILE.

Me voici !

HASSAN, à Hélène.

Basile, votre mari que je vous certifie conforme et véritable ! Je ne me trompe jamais !

HÉLÈNE, regardant Basile.

Hélas ! quelle différence !

MICHAELA, le regardant aussi.

Mais non, je l'aime assez... Il a une bonne figure bête.

JOVITZA, regardant Basile.

Le portrait de son père ! Moi, je l'ai reconnu tout de suite.

MICHAELA.

Comme l'autre.

HASSAN.

Moi, dès qu'il a parlé, j'ai reconnu la voix de l'innocence.

BASILE.

A cette heure... mais tantôt...

HASSAN.

Tantôt... c'est ta faute... il fallait t'expliquer.

BASILE.

Le moyen, avec vous!... Sans vouloir rien entendre, vous m'avez arrêté sur le seuil même de la maison paternelle de mon oncle; vous m'avez fait jeter dans une cave où, pour comble, il n'y avait que des bouteilles vides... Vous parliez même de me faire empaler!

HASSAN.

Je te dis que c'est ta faute! Tu viens te jeter au milieu de mes préoccupations... mon rapport... le dîner... (Basile lui indique du geste qu'il avait bu.) Il faisait si chaud!...

BASILE.

Enfin, c'est à grand' peine que j'ai sauvé ma tête!... et quand je dis sauvé... qu'a fait mon remplaçant?

HASSAN.

Nous allons le savoir... mais d'abord, où est-il?...

HÉLÈNE.

Qui?

HASSAN.

L'autre.

MICHAELA.

Disparu!

HASSAN.

Allons donc! impossible! ce n'est pas moi qu'on trompe! (Aux soldats.) Holà! qu'on fouille partout! Tenez, ce cabinet...

HÉLÈNE, se précipitant devant la porte.

Non! vous n'entrerez pas!

HASSAN.

Il est là!

JOVITZA, surpris.

Voudrais-tu protéger un pareil misérable?

HÉLÈNE.

Grâce! pitié!

HASSAN, aux soldats.

Obéissez!

(Les soldats se précipitent dans le cabinet.)

HÉLÈNE, à part.

Il est perdu!

HASSAN, aux soldats qui rentrent.

Eh bien?

UN SOLDAT.

Personne! et la fenêtre est ouverte.

MICHAELA.

Disparu!

JOVITZA.

C'est étrange!

HASSAN.

Oh! nous le rattraperons!

BASILE.

D'autant que je suis prêt à vous donner tous les renseignements...

TOUS.

Lesquels?

BASILE.

Vous savez que j'étais en retard pour la cérémonie de mon mariage... mêmement qu'un autre a eu le temps...

TOUS.

Oui.

BASILE.

J'avais été arrêté par la troupe de Broskovano... et celui qui sort d'ici en était, j'en suis sûr...

HÉLÈNE.

Vous ne l'avez seulement pas vu.

BASILE.

C'est égal. Ces bandits, qui sont curieux en diable, m'avaient interrogé sur le but de mon voyage. « Ah! tu vas te marier? — Oui. — La fille est belle? — Oui. — La dot est superbe? — Oui... sans cela... » Ils se sont regardés en riant. « C'est l'affaire de notre chef, ont-ils dit! il faut le prévenir, et pendant ce temps-là, gardez ici cet imbécile... » c'est de moi qu'ils parlaient.

HASSAN.

Naturellement!...

BASILE.

D'où je conclus que celui qui est venu ici, à ma place, était le chef lui-même, Broskovano.

HASSAN.

O ciel!

JOVITZA.

Mais toi, alors... comment te trouves-tu libre?

BASILE.

Je n'en sais rien; c'est-à-dire, si... Hier, dans la soirée, une nouvelle que je n'ai ni entendue, ni comprise a jeté l'alarme dans la compagnie. Tous ces gueux-là se sont parlé bas, d'un air inquiet, puis ils ont pris la fuite. J'ai fait comme eux!... et me voilà!

HASSAN.

Ainsi... Broskovano venait à ta place, afin de palper la dot...

BASILE.

Oui.

HASSAN.

Alors, Broskovano.... c'est lui!

BASILE.

Oui!

JOVITZA et MICHAELA, à Hélène.

Ton mari!

HASSAN, d'un air profond.

Je m'en étais douté! je vous l'ai toujours dit... (Un soldat paraît et remet une dépêche à l'aga.) Une dépêche?

JOVITZA.

Je frémis du danger que nous avons couru.

HASSAN, qui a ouvert la dépêche.

Bon! il nous le paiera!... il nous le... Oh! ah! Alli! Alla!...

MICHAELA.

Qu'est-ce encore?

HASSAN, très-effrayé.

Un rapport! non, un procès-verbal attestant que Broskovano a été tué.

TOUS.

Tué!

HASSAN.

Hier matin! Bien tué, cette fois... Douze témoins qui l'ont reconnu en déposent... et voilà leurs signatures!

TOUS, entourant l'aga.

Eh bien?...

HASSAN.

Eh bien! cet homme tué hier matin qui se marie hier soir!

JOVITZA, tremblant.

Qui était là tout à l'heure!

BASILE, de même.

Qui s'envole par la fenêtre!

HASSAN.

Et qui court encore!

MICHAELA, naïvement.

C'est là ce qui vous étonne?

HASSAN, JOVITZA et BASILE.

Parbleu !

MICHAELA.

C'est cependant tout naturel... puisque hier vous disiez tous que c'était un vampire !

TOUS.

Un vampire !

HASSAN.

Tu as raison, c'est un vampire !... Je l'avais dit... Je ne me trompe jamais !... Vite, courons à la ville faire un nouveau rapport... procéder aux cérémonies d'usage, afin que ce cadavre endiablé n'ait plus envie de revenir !... toucher enfin la récompense promise. (Aux soldats.) Holà ! vous autres ! qu'on me suive !... non... qu'on m'entoure ! et qu'on ne me quitte pas !

(Il sort avec ses hommes.)

SCÈNE VI.

HÉLÈNE, MICHAELA, BASILE, JOVITZA.

QUATUOR.

HÉLÈNE.

Un vampire ! un vampire !
A peine je respire !
Ah ! qui l'aurait pensé ?
Un vampire ! un vampire !
Et l'amour qu'il m'inspire
N'a pas encor cessé !

JOVITZA, MICHAELA et BASILE.

Un vampire ! un vampire !
A peine je respire !
Tout mon sang s'est glacé !
Un vampire ! un vampire !

6.

Sous l'effroi qu'il m'inspire
Mon cœur est terrassé!

MICHAELA.

Mais j'y songe...

BASILE.

J'y pense!

JOVITZA.

Si ma fille aujourd'hui....

MICHAELA.

Soumise à sa puissance...

BASILE.

Était pareille à lui!...

TOUS TROIS.

Qu'ont-ils pu dire ensemble?...

JOVITZA.

Je frissonne!...

MICHAELA.

Je tremble!

BASILE.

On frémit d'y songer!

TOUS TROIS.

Il faut l'interroger.

Ensemble.

HÉLÈNE.

Un vampire! un vampire! etc.

JOVITZA, MICHAELA et BASILE.

Un vampire! un vampire! etc.

(Tous se rapprochent d'Hélène et l'interrogent rapidement et à voix basse.)

JOVITZA, à Hélène.

Enfin, courage! et conte-nous
Tout ce qui s'est fait entre vous!

HÉLÈNE.

Muet...

BASILE.

Le silence du crime!

HÉLÈNE.

Pâle, ému...

MICHAELA.

La pâleur des morts!

HÉLÈNE.

Il tremblait!

JOVITZA.

L'effet du remords!

HÉLÈNE.

Et ses yeux...

TOUS TROIS.

Cherchaient sa victime!

BASILE.

Et puis?

MICHAELA.

Et puis?

JOVITZA.

Eh bien?

HÉLÈNE.

Eh bien!

TOUS TROIS.

Qu'a-t-il fait?

HÉLÈNE.

Rien!

MICHAELA.

Rien!

BASILE.

Rien!

JOVITZA.

                Rien !

HÉLÈNE.

                Rien !

TOUS.

C'est étonnant ! rien ! rien ! rien ! rien !

MICHAELA.

Mais alors qu'a-t-il dit ?

HÉLÈNE, baissant les yeux.

        Je n'ose !

JOVITZA.

Courage !

HÉLÈNE.

Il m'a dit qu'il m'aimait !

BASILE.

Gourmand !

JOVITZA.

      Je le crois, et pour cause !

HÉLÈNE.

Qu'un grand danger le menaçait.

JOVITZA.

Cynisme affreux ! quoi ! c'est lui-même...

HÉLÈNE.

Qui m'a dit qu'un danger suprême
Devait le frapper aujourd'hui.

MICHAELA.

Pas lui ! mais toi !

HÉLÈNE.

      Pas moi ! mais lui !
Que l'on était à sa poursuite.

JOVITZA.

C'est vrai !

MICHAELA.

C'est juste!

BASILE.

Après?

TOUS.

Ensuite?

HÉLÈNE.

Et moi, partageant son ennui,
Je tremblais!

MICHAELA.

Pour toi?

HÉLÈNE.

Non, pour lui.
Enfin, me voyant tout émue...

BASILE.

De colère?

HÉLÈNE.

Il m'a pris...

TOUS.

Grands dieux!

HÉLÈNE.

Un baiser...

TOUS, avec effroi.
Le pacte odieux!

HÉLÈNE.

Un doux baiser, et même deux!

TOUS.

Quoi! deux baisers! elle est perdue!
Cela fait dresser les cheveux!...

HÉLÈNE.

Je suis perdue!

TOUS.

Perdue! perdue!

Ensemble.

HÉLÈNE.

Ah! de terreur et de tourment,
Mon cœur s'emplit en ce moment.
Je suis son bien, et mon serment
M'enchaîne à ce fatal amant!
Pouvais-je croire à ça, vraiment?

JOVITZA, MICHAELA et BASILE.

Elle est à lui, cruel moment!
Il reviendra certainement.
Quel parti nous reste, et comment
La sauver d'un pareil amant?
On en perd la tête, vraiment,
Et de frayeur et de tourment!

JOVITZA, montrant Basile.

Hélas! du moins, mon fils me reste,
Et cela me console un peu!

BASILE.

Non, c'est déjà trop, je l'atteste,
De rester votre neveu.

JOVITZA.

Quoi! tu refuserais ma fille?

BASILE.

Moi ?pour être dévoré!... Non!
Pour devenir vampire... Bon!
C'est assez d'un dans la famille!

Ensemble.

HÉLÈNE.

Quel refus et quel changement!
Voilà donc son attachement!
L'autre, en un semblable moment,
Eût agi tout différemment!
N'importe! il me rend mon serment,
Je bénis cet événement!

MICHAELA.

Il la quitte et fait prudemment,
Je le comprends parfaitement;
Que deviendrait-il? et comment
Lutter contre un pareil amant?
Il est libre, et son changement
Me fait plaisir, assurément!

BASILE.

Plus d'hymen! j'agis prudemment,
Car c'est trop dangereux, vraiment!
Pour lutter contre cet amant,
J'ai pour moi trop d'attachement,
Au lieu de mourir bravement,
Je préfère vivre gaîment!

JOVITZA.

Quel affront et quel changement!
Voilà donc son attachement!
Mais d'ailleurs, malgré mon tourment,
Je trouve qu'il fait prudemment
De renoncer en ce moment
A ses droits d'époux et d'amant!

JOVITZA, à Hélène.

Hélène! ma chère enfant!... (Avec terreur.) Non! non!... (A Michaëla.) Tu es son amie... (A Basile.) tu es son cousin... restez avec elle, tandis que moi, son père, je me sauve... pour demander du secours!

(Il sort vivement.)

SCÈNE VII.

MICHAELA, HÉLÈNE, BASILE.

HÉLÈNE, voyant Basile et Michaëla tout effrayés.

Vous avez peur de moi?

MICHAELA.

Dame! on n'est pas habituée à se trouver comme ça... tout d'un coup... l'amie intime d'un vampire!

BASILE, tremblant.

Oh ! moi, je suis bien rassuré. Vous ne voudriez pas me faire de mal, n'est-ce pas, ma cousine ? à moi surtout qui suis de la famille !... d'ailleurs, je vous préviens que je ne suis pas tendre !

MICHAELA.

Et l'autre ?... le démon !... s'il allait revenir !... (Apercevant Constantin qui a ouvert la porte à droite.) Ah !

BASILE, de même.

Ah !

(Tous deux se sauvent tandis que Constantin descend en scène.)

SCÈNE VIII.

HÉLÈNE, CONSTANTIN.

CONSTANTIN, étonné.

Qu'ont-ils donc ?

HÉLÈNE, avec terreur.

Vous ! c'est vous !

CONSTANTIN, tendrement.

Comment vous obéir ? toutes les issues gardées rendent ma fuite impossible !... et d'ailleurs, pouvais-je m'éloigner sans vous avoir revue ?...

HÉLÈNE, avec douleur.

Ah ! vous auriez mieux fait de ne pas revenir !... allez, je vous connais !... et je sais qui vous êtes !...

CONSTANTIN, surpris.

On vous a dit ?...

HÉLÈNE.

Tout !... et ce n'est pas seulement de l'horreur que je ressens pour vous... c'est du mépris !

CONSTANTIN, avec douleur.

De l'horreur! du mépris!... Hélène, est-ce bien possible? lorsque vous m'aviez dit... qu'un autre sentiment...

HÉLÈNE.

Vous osez me rappeler que j'ai eu la faiblesse de vous avouer un instant une affection dont je rougis!... mais je suis bien guérie. Oui, j'aurai le courage de chasser de mon cœur celui qui n'en est pas digne, et Broskovano, si redoutable qu'il soit, ne l'est plus pour moi!

CONSTANTIN.

Broskovano, dites-vous?... vous croyez que je suis...

HÉLÈNE.

Un maudit! et bien plus; un démon, un vampire!

CONSTANTIN, souriant.

Hélène!...

DUO.

CONSTANTIN, tendrement.

Regarde-moi!
Dans mes yeux tes yeux peuvent lire...
Tu n'y verras que le délire
Et l'amour que je sens pour toi!
Regarde-moi!

HÉLÈNE.

Je le regarde, et malgré moi
Je sens déjà fuir mon effroi.

CONSTANTIN.

Regarde-moi!
Plonge ton âme dans mon âme;
Tu verras si je suis infâme
Ou bien encor digne de toi!
Regarde-moi!

HÉLÈNE.

Je te regarde, et malgré moi
Je t'écoute et je crois en toi!

CONSTANTIN.

Maintenant, d'un forfait, dis, me crois-tu capable ?

HÉLÈNE.

Non ! non ! l'on ne ment pas avec un air si doux !

CONSTANTIN.

Pourtant, si d'un malheur mon bras était coupable ?

HÉLÈNE, avec force.

Va, tu serais encor mon maître, mon époux !

CONSTANTIN.

Hélène, laisse-moi tomber à tes genoux !

Ensemble.

HÉLÈNE.

Voix douce et suprême
Qui me dis : Je t'aime !
Tu changes mon sort.
L'amour est encor
Le plus fort !
Ivresse trop rare,
Où mon cœur s'égare,
A nous l'avenir !
Dieu va nous unir,
Nous bénir !

CONSTANTIN, avec douceur.

Je t'aime ! je t'aime !
O mon bien suprême !
Ne crains rien du sort,
L'amour est plus fort
Que la mort !...
Tous ceux que sépare
Le destin barbare,
Dieu, dans l'avenir,
Sait les réunir,
Les bénir !

Tais-toi ! je finirais par regretter la vie !

HÉLÈNE.
Que dis-tu?... comment!... ce danger?...
CONSTANTIN.
Existe encore, et ma trace est suivie !
HÉLÈNE.
Je reste pour le partager !
CONSTANTIN.
Quels droits ai-je sur toi, sur ta pure jeunesse ?
HÉLÈNE.
Ceux que te donne mon amour!
CONSTANTIN.
Je t'en relève et te rends ta promesse.
HÉLÈNE.
Moi ! je refuse et te dis à mon tour :

Je t'aime ! je t'aime ! etc.
CONSTANTIN, avec enthousiasme.
Je t'aime ! je t'aime ! etc.
(A la fin du duo, Hélène et Constantin sont dans les bras l'un de l'autre.)

SCÈNE IX.

HÉLÈNE, CONSTANTIN, JOVITZA.

JOVITZA.
Dans les bras l'un de l'autre !
HÉLÈNE, avec force.
Écoutez-moi, mon père ! tout ce que vous m'avez dit ne saurait être vrai.
JOVITZA.
Parbleu ! je le sais bien.
HÉLÈNE.
Ce n'est pas un bandit ! ce n'est pas un vampire !

JOVITZA.

Je le sais ! je le sais !

CONSTANTIN.

Je suis un brave soldat ! Constantin Véliko.

JOVITZA.

Je le sais! vous êtes un brave soldat ; la preuve, c'est que vous allez être fusillé !

HÉLÈNE.

Fusillé !

JOVITZA.

On dit comme ça partout que vous avez tué un grand seigneur.

HÉLÈNE.

Qu'entends-je?...

CONSTANTIN.

La vérité ! oui... voilà le secret que je voulais vous taire !

HÉLÈNE.

Un crime !

CONSTANTIN.

Non! un malheur. Hier, sur la grande route arrivait à ma rencontre un beau cavalier qui, à ses armes et à ses riches habits, paraissait en effet un grand seigneur. « Je suis pressé, me cria-t-il ; ton cheval est frais, le mien tombe de fatigue. Changeons ! » j'ai refusé ; il a tiré son sabre, moi le mien... et voilà !...

JOVITZA.

Ta, ta, ta !...

CONSTANTIN, à Jovitza.

Quant à m'être fait passer pour votre gendre...

SCÈNE X.

Les mêmes; BASILE, MICHAELA.

MICHAELA, tout en pleurs.

C'est ma faute!... oui, je l'ai pris pour vous. (S'adressant à Basile.) Pour vous, que je ne connaissais pas, car sans cela...

BASILE.

Je le crois bien!... il n'en est pas moins vrai qu'il m'a volé ma femme!...

MICHAELA.

Oh! tout ça va finir!... l'aga revient ici chargé des ordres du prince qui ne plaisante pas sur la discipline. La cour est toute remplie d'officiers, de soldats... c'est mauvais signe... Et tenez...

FINALE.

MICHAELA.
Écoutez leur marche guerrière!...

JOVITZA et BASILE.
On va décider de son sort!

CONSTANTIN.
Voici donc mon heure dernière!

HÉLÈNE, se jetant sur lui.
Unis toujours! même en la mort!

Ensemble.

CONSTANTIN, avec joie.
O suprême délice,
Qui fait de mon supplice
Un instant de bonheur!
Je la tiens sur mon cœur!

MICHAELA.
Dieu clément! Dieu propice!
Sauve-le d'un supplice

Dont la seule rigueur
Me glace de terreur!

HÉLÈNE.

Avant que ton supplice
A mes yeux s'accomplisse,
Laisse-moi sur ton cœur
Expirer de douleur!

BASILE.

Il faut, et c'est justice,
Que l'arrêt s'accomplisse,
Tant pis pour l'imposteur
Qui causa ce malheur!

JOVITZA.

Ma fille est sa complice!
Mais par quel maléfice
Ce drôle, ce trompeur,
A-t-il séduit son cœur?

(A la fin de l'ensemble entre le cortége.)

JOVITZA.

Voici l'aga!

SCÈNE XI.

Les mêmes; HASSAN, qui paraît précédé d'Officiers et de Magistrats qui se rangent sur deux lignes. Soldats au fond. L'aga s'approche de Constantin.

BASILE.

On va lui bander les yeux!

HASSAN, d'une voix haute.

Par l'ordre du prince! par l'ordre du pacha!
(En disant ces mots, il s'incline et remet une bourse à Constantin.)

CONSTANTIN, surpris.

Cette bourse!...

HASSAN.

Dix mille piastres!

BASILE.

Voilà un supplice qui commence drôlement!

CONSTANTIN.

A moi?

HASSAN.

Oui; c'est justice!

CONSTANTIN.

Qu'ai-je donc fait?

TOUS.

Qu'a-t-il fait?

HASSAN.

Vous voulez le savoir?... Cet homme, ce personnage bien vêtu qu'il a tué hier matin... et que j'ai transporté moi-même à la ville...

TOUS.

C'était...

HASSAN.

Broskovano!

TOUS.

Broskovano!

HASSAN, avec satisfaction.

Je m'en étais toujours douté.

(Le chœur se rapproche, on entoure, on félicite Constantin.)

LE CHŒUR.

Honneur à son courage!
Il nous délivre d'un bandit
Maudit!
Qu'il reste en ce village,
Que rien n'y trouble de ses jours
Le cours!

CONSTANTIN.

Merci, mon étoile gentille ;
C'est à toi que je dois tout ça,
Oui-da !

JOVITZA, à Constantin.

De mes mains accepte ma fille !
Vu tes vertus...
(A part.)
Et tes écus !

BASILE.

J'enrage !
Bien sot me voilà !

MICHAELA, à Basile.

Courage !
Ne suis-je pas là ?

LE CHOEUR.

Honneur à son courage !
Il nous délivre d'un bandit
Maudit !
En un doux mariage,
Puisse-t-il couler d'heureux jours
Toujours !

(On pousse des cris de joie, les soldats présentent les armes, chacun acclame Hélène et Constantin.)

LES TROIS NICOLAS

OPÉRA-COMIQUE EN TROIS ACTES

En société avec MM. Bernard Lopez et de Lurieu

MUSIQUE DE L. CLAPISSON.

THÉATRE DE L'OPÉRA-COMIQUE. — 16 Décembre 1858.

| PERSONNAGES. | ACTEURS. |

MARQUIS DE VILLEPREUX, chargé par intérim de la surintendance des menus plaisirs du roi . . . . MM. PRILLEUX.
LE VICOMTE D'ANGLARS, neveu du marquis. COUDERC.
DALAYRAC. . . . . . ⎰ gardes du corps de M. le ⎰ MONTAUBRY.
LACHABEAUSSIÈRE. ⎱ comte d'Artois. . . . . ⎱ BECKERS.
TRIAL, artiste de la Comédie-Italienne. . . . . . BERTHELIER.
UN BRIGADIER des gardes du corps. . . . . . DUVERNOY.
JOLIVARD, secrétaire du lieutenant civil . . . . LEMAIRE.

HÉLÈNE DE VILLEPREUX, jeune chanoinesse, nièce du marquis de Villepreux. . . . . Mmes LEFEBVRE.
ROSETTE, femme de chambre d'Hélène de Villepreux. . . . . LEMERCIER.

GARDES DU CORPS. — SEIGNEURS et DAMES DE LA COUR. — BOURGEOIS et BOURGEOISES. — MARCHANDS et MARCHANDES. — SOLDATS DU GUET. — EXEMPTS DE POLICE. — UN MAITRE A DANSER. — DANSEUSES.

A Paris en 1787.

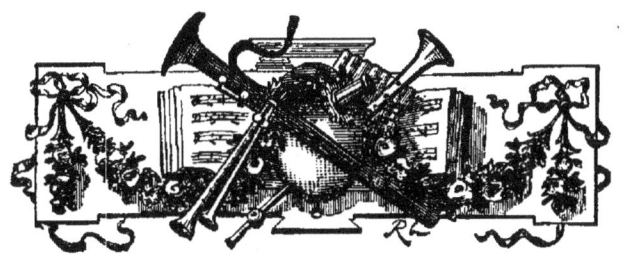

LES TROIS NICOLAS

ACTE PREMIER

Une partie de la promenade de Longchamps, à l'extrémité du bois de Boulogne. — A droite du spectateur, l'Abbaye de Longchamps.

SCÈNE PREMIÈRE.

Promeneurs, Hommes et Femmes, Bourgeois, Grands Seigneurs, Gens du peuple, Soldats, Marchands et Marchandes.

(Au lever du rideau, différents groupes de promeneurs stationnent et circulent. Entrée successive des marchands et des marchandes.)

INTRODUCTION.

LE CHŒUR.
C'est Longchamps ! c'est Longchamps !
C'est la fête mondaine
Que la sainte semaine
Tous les ans nous ramène
Au retour du printemps.

LES MARCHANDS et LES MARCHANDES.

Images saintes,
Noires ou peintes,
Venez, venez choisir !
— Dariollettes.
Croquets, gimblettes,
Voilà, voilà l' plaisir !
— Ballons, polichinelles,
Mirlitons et crécelles
Pour les enfants !
— Saint-Jean, Saint-Paul, Saint-Jacques,
Voici des œufs de Pâques,
Rouges et blancs !

LE CHŒUR.

C'est Longchamps ! c'est Longchamps ! etc.

SCÈNE II.

Les mêmes ; Incroyables et Merveilleuses, nouveaux Promeneurs qui les suivent, puis TRIAL.

UNE PARTIE DU CHŒUR, riant.

Quelles caricatures !
Voyez donc ces coiffures,
Tout le monde en rira !
Ah ! ah ! ah ! ah ! ah ! ah !

L'AUTRE PARTIE DU CHŒUR, applaudissant.

Adorables tournures
Et superbes coiffures,
Chacun applaudira !
Bravo ! bravo ! brava !

(Tous les regards se tournent du côté de Trial, qui paraît en costume élégant, exagération de la mode du jour.)

LE CHŒUR.

Voyez, voyez encor
De plus fort en plus fort !

UNE PARTIE DU CHŒUR, rient.

Quelle caricature !
La grotesque figure,
Tout Paris en rira !
Ah ! ah ! ah ! ah ! ah ! ah !

L'AUTRE PARTIE DU CHŒUR, applaudissant.

Adorable tournure !
L'élégante coiffure !
Chacun applaudira.
Bravo ! bravo ! bravo !

TRIAL.

Quelle gloire est la mienne !
L'un dit : c'est bien ! l'autre, c'est mal !
Mon succès est pyramidal.

PLUSIEURS VOIX.

Mais c'est Trial !

TOUS.

Trial ! Trial !

TRIAL.

J'ai cet honneur, je suis Trial !

TOUS.

Bravo ! Trial !

TRIAL.

Le chanteur jovial
De la Comédie-Italienne.
Écoutez un pont-neuf
Tout neuf,
Qu'un nourrisson du Parnasse
A fait
Sur Longchamps de l'an de grâce
Mil sept cent quatre-vingt-sept.
Faites chorus, si l'air vous plaît :
Premier couplet !

PONT-NEUF.

Premier couplet.

Admirez ce bel équipage

Où Jeanneton semble oublier
Qu'hier encor, dans son village,
Elle portait le tablier,
La cornette et le tablier.

   Place ! place !
    Manants,
    Croquants,
   Que je passe !
   Dieu ! quel fracas !
Faites vos embarras,
La belle au cœur si tendre,
  Mais les grelots
   De vos
   Chevaux
   Si beaux
N'empêchent pas d'entendre
Le bruit de vos sabots.

   LE CHŒUR.
Mais les grelots, etc.
   TRIAL.

Deuxième couplet.

La Jeanneton fait sa duchesse !
Voyez ces marquis céladons
Baiser, pleins d'orgueil et d'ivresse,
La main qui garda les dindons
Et les canards et les dindons.

   Place ! place ! etc.
   LE CHŒUR.
Mais les grelots, etc.
  CHŒUR GÉNÉRAL.
C'est Longchamps ! c'est Longchamps ! etc.

(Pendant la dernière partie du chœur, le vicomte d'Anglars a paru ; il fait quelques emplettes aux marchands qui l'entourent et va s'asseoir sur une chaise à gauche. Trial sort, et les promeneurs et les marchands disparaissent peu à peu.)

SCÈNE III.

LE MARQUIS, LE VICOMTE.

LE MARQUIS, entrant et apercevant le vicomte avec étonnement.

Mon neveu!... Ma surprise est grande! je te croyais à Poitiers, et te voilà à Longchamps!

(Il se place sur une chaise en face du vicomte.)

LE VICOMTE.

Oui, mon oncle.

LE MARQUIS.

Ton procès est gagné?...

LE VICOMTE.

Je n'en sais rien... c'est demain... après-demain qu'on le juge!

LE MARQUIS.

Et tu n'es pas resté?

LE VICOMTE.

Impossible... il y avait aujourd'hui à l'abbaye de Longchamps un concert spirituel.

LE MARQUIS.

Ah! voilà un trait de mélomanie qui ne m'étonne pas de ta part.

LE VICOMTE.

Un concert spirituel, qu'on n'a qu'une seule fois dans l'année, tandis que des procès on en a toujours plus qu'on n'en veut. Arrivé hier soir, j'avais à peine le temps de m'habiller pour aller à la Comédie-Italienne, où je suis resté jusqu'à minuit; voilà comment je n'ai pu aller vous annoncer mon retour à vous et à ma cousine.

LE MARQUIS.

Une jolie manière de faire ta cour!... Tu ne te marieras jamais...

LE VICOMTE.

Laissez donc!

LE MARQUIS.

L'année dernière encore, un mariage superbe auquel tu as renoncé la veille du contrat.

LE VICOMTE.

Oui!...

LE MARQUIS.

Une femme de haute naissance...

LE VICOMTE.

Oui!...

LE MARQUIS.

D'une fortune immense.

LE VICOMTE.

Oui!...

LE MARQUIS.

Et pourquoi?

LE VICOMTE.

Elle chantait faux! pas d'union! pas d'harmonie possible... avec une femme pareille!... Et puis je pensais à ma cousine... Quelle différence! une voix délicieuse... aussi je l'aime!... aussi je l'adore!...

LE MARQUIS.

C'est-à-dire... tu adores la musique et tu aimes ta cousine... voilà la vérité! Mais arrangez-vous tous les deux... il faut que ce mariage ait lieu. Je ne peux pas garder plus longtemps avec moi une nièce de vingt ans.

LE VICOMTE.

Une chanoinesse de Remiremont, c'est comme une femme mariée.

LE MARQUIS.

Pas tout à fait... Elle a pu jusqu'à présent tenir ma maison... je ne dis pas, mais dans ma nouvelle position... cela devient impossible.

LE VICOMTE.

Vous êtes donc nommé?

LE MARQUIS.

C'est tout comme!...

LE VICOMTE.

Vous, mon oncle, surintendant des menus plaisirs du roi!...

LE MARQUIS.

Sa Majesté m'a formellement promis la survivance de M. Papillon de la Ferté... un excellent homme... très regrettable sans doute. J'envoie tous les jours savoir de ses nouvelles; (Gaiement.) il va mal, il va très-mal. Déjà j'exerce par intérim... ce qui est terrible! Une fois nommé, cela va toujours bien... mais quand on ne l'est pas encore... il faut faire ses preuves... et si on ne réussit pas...

LE VICOMTE.

Je comprends! Une singulière idée que vous avez eue de demander cette place-là...

LE MARQUIS.

Il n'y en avait pas d'autre!

LE VICOMTE.

Vous qui ne pouviez souffrir la musique.

LE MARQUIS, effrayé.

Silence!...

LE VICOMTE.

Vous la détestiez...

LE MARQUIS.

Chut!... je l'aime maintenant... Sa Majesté me paie pour l'aimer... Mais ce n'est pas encore, comme chez toi, une passion, une maladie.

LE VICOMTE.

Dites plutôt un bonheur, un charme, une ivresse... La musique a sur moi un pouvoir inexprimable. Suis-je triste, elle me rend joyeux... suis-je colère, elle me calme... suis-je malade, elle me guérit...

LE MARQUIS.

Et moi... (Regardant autour de lui et à voix basse.) nous sommes seuls... prise à forte dose, elle me pousserait au suicide.

LE VICOMTE, se récriant.

Quel blasphème musical!

AIR.

Vive la musique!
Vive la musique,
Ce talent magique,
Cet art merveilleux,
Musique divine
Qui, tendre ou lutine,
Séduit et domine
L'enfer et les cieux!

Écoutez cette ritournelle!
C'est le Cid près de sa belle
Qui soupire en ut bémol
Sous le balcon espagnol.

Entendez-vous? c'est le canon qui tonne,
C'est le clairon de guerre qui résonne;
Le soldat s'élance gaîment
Et court à la mort en chantant!

Vive la musique! etc.

Orphée ose à l'enfer redemander sa femme;
Pluton, pour le punir, à l'instant la lui rend.
Il chante!... et, désarmé par sa brillante gamme,
Pour le récompenser, Pluton la lui reprend!

Vive la musique! etc.

LE MARQUIS.

Eh bien! dès que tu seras marié, tu ne me quitteras plus; tu seras musicien pour nous deux, je t'établis à l'hôtel des Menus-Plaisirs, au milieu des artistes du chant et de la danse.

LE VICOMTE.

Ça me va! je serai chez moi!

LE MARQUIS.

Tu as de l'imagination!

LE VICOMTE.

Je vous inventerai des effets, des surprises; c'est mon fort!

LE MARQUIS.

En attendant, voilà une idée ingénieuse que j'ai eue à moi tout seul!

LE VICOMTE, avec défiance.

Voyons, mon oncle.

LE MARQUIS.

Averti officiellement que madame la comtesse d'Artois devait, aujourd'hui Jeudi-Saint, venir entendre les ténèbres à l'abbaye de Longchamps, j'ai renversé l'usage établi : au lieu des artistes des théâtres lyriques, j'ai enrôlé dans les chœurs toutes les dames de la cour. Que dis-tu de cela?

LE VICOMTE.

Musique d'amateur... jolies voix... pas d'ensemble... ce sera mauvais!

LE MARQUIS.

Ah diable! je ne ferai plus rien sans te consulter, d'autant que j'ai un bien autre embarras pour le voyage de la cour à Fontainebleau, qui doit avoir lieu d'un jour à l'autre... il faut un opéra nouveau!

LE VICOMTE.

Mais vous avez *Axémia, ou les Sauvages*, musique d'un

jeune militaire, d'un garde du corps : Dalayrac, enfin! je ne vois pas d'obstacle...

LE MARQUIS.

Si vraiment. Le compositeur, qui avait jusqu'ici travaillé avec ardeur, s'est tout à coup arrêté; son poète, son ami, M. de Lachabeaussière, un garde du corps, comme lui, ne peut plus rien en obtenir. Que faire?... moi, je ne connais pas ce M. Dalayrac!

LE VICOMTE.

Je le connais, moi : c'est mon ami intime, à la vie, à la mort!

LE MARQUIS.

Quel bonheur!... mais depuis quand le connais-tu donc

LE VICOMTE.

Depuis hier soir! je vous ai dit qu'en arrivant j'avais été à la Comédie-Italienne; on donnait un opéra de lui. J'étais là, aux premières loges, à applaudir, à crier *bravo !*... et, dans l'entr'acte, je m'étais assis au foyer, exprimant mon enthousiasme, que partageaient mes voisins, excepté un seul : un jeune homme triste et sombre. Je le lui aurais pardonné; mais, pendant que je parlais, je voyais errer sur ses lèvres un sourire dont l'expression me déplaisait. « Oui, monsieur, m'écriai-je tout haut en m'adressant à lui, c'est le premier musicien français, vous ne pouvez le nier! — Monsieur, me répondit-il avec le même sourire qui m'agaçait, voilà ce que je n'avouerai jamais! — Si, monsieur! — Non, monsieur. — Voici mon nom : le vicomte d'Anglars!... le vôtre? — Dalayrac... »

LE MARQUIS.

Ah !...

LE VICOMTE.

C'était lui, et j'étais dans ses bras, qu'il m'avait tendus. Je ne le connais que d'hier, et il me semble q   ɩ ɩ ɩ ɛuis ami depuis vingt ans!... Vous voyez, mon oncle, que j'aurai de lui tous les opéras que vous voudrez!

LE MARQUIS.

Bravo! tout marche à merveille! Récapitulons : le départ pour Fontainebleau a lieu le 1er mai... Dalayrac termine son opéra... quelques coups de pinceau, les décors sont achevés... les costumes sont peu compliqués, des sauvages!... un poème charmant... une musique... enfin, il en faut, on aime ça : des goûts et des couleurs... (Le vicomte, qui vient de regarder vers la gauche, s'élance et disparaît ; le marquis, se retournant et ne voyant plus le vicomte.) Eh bien! il me laisse... il ne m'écoute pas! Où va-t-il donc? Aurait-il aperçu quelque musicien ambulant? (Remontant vers la gauche.) Oh! mon Dieu! des chevaux qui s'emportaient dans la contre-allée... et qu'il vient d'arrêter au risque de se tuer! Quel écervelé! Enfin, le mariage le changera peut-être. Ah! que vois-je?... ma nièce!...

SCÈNE IV.

LE MARQUIS, LE VICOMTE, HÉLÈNE, ROSETTE.

LE VICOMTE.

Rassurez-vous, mon oncle, ce n'est rien.

HÉLÈNE.

Si vraiment, mon cousin! (Au marquis.) Je venais, comme nous en étions convenus, à l'abbaye de Longchamps, pour ce concert, lorsque mes chevaux...

LE VICOMTE.

Ils sont comme vous, mon oncle, ils n'aiment pas la musique.

HÉLÈNE.

J'étais fort émue, j'en conviens, et quant à Rosette...

ROSETTE.

Moi, madame, j'ai cru que c'était mon dernier jour!

HÉLÈNE, à Rosette.

Porte à l'abbaye mes cahiers de musique.

ROSETTE, au marquis.

Oh! monsieur, un accident épouvantable!...

(Elle sort.)

LE VICOMTE.

Dont elle était cause : ses cris seuls avaient effrayé les chevaux, qui se sont arrêtés net au moment où je me suis élancé à leur tête.

HÉLÈNE.

Mais jugez de mon étonnement en voyant apparaître tout à coup mon cousin, que je croyais encore à Poitiers!

LE VICOMTE.

Superbe! coup de théâtre! C'est ce que j'aime! Et voilà comment ma jolie fiancée...

LE MARQUIS.

Ta fiancée?... dis ta femme!

HÉLÈNE.

Mon oncle!...

LE MARQUIS.

Après un trait comme celui-là, ma nièce ne peut plus hésiter!... depuis trop longtemps déjà ce mariage est différé...

LE VICOMTE.

Permettez; comme chanoinesse de Remiremont, il fallait à ma cousine des dispenses.

LE MARQUIS.

Nous les avons obtenues; l'abbesse de Remiremont, notre parente, me les a envoyées, ainsi que ses pleins pouvoirs : je la représente, et j'exige aujourd'hui...

HÉLÈNE, au marquis.

Calmez-vous, monsieur! (Au vicomte.) Et vous, pardon, mon cousin, de toutes mes hésitations... c'est chose sérieuse que le mariage! Mais, comme le dit mon oncle, après votre dévouement d'aujourd'hui, ce serait de l'ingratitude.

LE VICOMTE.

Eh bien! ma cousine?

HÉLÈNE.

Ma parole est à vous; une fois donnée, je ne la reprends jamais!

LE VICOMTE.

Ah! je suis trop heureux!

LE MARQUIS.

Enfin, je vous unis, et je fixe le mariage à dix jours pour tout délai.

LE VICOMTE.

C'est convenu... dans dix jours... une fête superbe!

LE MARQUIS.

Un bal!

LE VICOMTE.

Une messe en musique, un grand concert, l'hôtel des Menus-Plaisirs illuminé *a giorno*, les tapis de Smyrne, les vases du Japon, des fleurs, partout des fleurs! je me charge de la mise en scène!

LE MARQUIS, à part.

Je crois, Dieu me pardonne! qu'il se marierait rien que pour cela. (Haut.) Ah! ma nièce, j'oubliais... Il y aura, après ténèbres, une quête pour les pauvres orphelines, une quête au dedans et au dehors de l'église : tu es du nombre des dames quêteuses.

HÉLÈNE.

Moi?

LE MARQUIS.

Je t'ai désignée... c'est dans le programme. Ton cousin te donnera la main... ton futur, ton fiancé, c'est convenable.

SCÈNE V.

Les mêmes ; ROSETTE.

ROSETTE.

Pardon, monsieur le marquis, mais on n'attend plus que vous pour placer ces dames des chœurs.

LE MARQUIS.

Elles se placeront comme elles voudront.

LE VICOMTE.

Mon oncle, pouvez-vous parler ainsi! ces détails sont de la plus haute importance.

LE MARQUIS.

Tu crois?...

LE VICOMTE.

Les soprani... avec les soprani, les contralti...

LE MARQUIS.

Avec les contralto !...

LE VICOMTE, en sortant.

Ti...

LE MARQUIS, de même.

Va pour ti... puisque cela te fait plaisir. A bientôt, ma nièce.

SCÈNE VI.

HÉLÈNE, ROSETTE, puis TRIAL.

HÉLÈNE.

Eh bien! Rosette, me voilà engagée.

ROSETTE.

A tout jamais!

HÉLÈNE.

A tout jamais! Je me marie dans dix jours.

ROSETTE.

Eh bien, tant mieux! Je me suis demandé bien des fois comment il se faisait qu'une demoiselle jeune, belle et riche, comme vous l'êtes, refusait toujours de se marier. Ce n'est pas moi qui me ferais chanoinesse! Certainement, je vénère sainte Catherine; je veux la prier toujours, mais la coiffer, jamais!

HÉLÈNE.

Que veux-tu? Jeune fille, on se fait des idées de roman, on se crée des illusions... on garde son cœur pour quelqu'un que l'on espère et qui ne viendra jamais. Puis, le rêve s'efface, la raison vient, et l'on se marie, comme je le fais aujourd'hui, à un galant homme qui m'aime et qui me rendra heureuse.

COUPLETS.

Premier couplet.

Je l'ai promis! Oui, je serai sa femme;
Sans hésiter, ce serment, je l'ai fait.
Mais cependant, dans le fond de mon âme,
Pourquoi, pourquoi reste-t-il un regret?

    Non! non! parlons dentelles,
        Rubans,
        Galants,

Modes nouvelles,
Et le bonheur viendra
Quand il voudra,
Quand il pourra!

Deuxième couplet.

De mon destin malgré moi je murmure.
Dans cet hymen rien ne manque à mes vœux;
Sur mon bonheur lorsque tout me rassure,
Pourquoi des pleurs tombent-ils de mes yeux?

Non! non! parlons dentelles, etc.

TRIAL, entrant vivement comme poursuivi.

Qu'ont-ils donc à m'admirer? c'est fatigant!... Décidément, je suis trop beau!... (Lorgnant Rosette.) Oh! la gentille soubrette!

HÉLÈNE, à Rosette.

Vois si ce nœud de ruban est bien attaché...

TRIAL, pendant que Rosette s'occupe de la toilette d'Hélène.

Diable! près de la soubrette... une jolie dame, mieux que cela, une grande dame... C'est étonnant, je ne l'ai pas encore aperçue aux premières loges, à mes jours de représentations. J'ai la vue si basse! Elle me regarde... développons tous nos avantages...

(Il se place sur une chaise, à droite, et se dandine en prenant des poses.)

HÉLÈNE, bas à Rosette.

Quel est cet original?...

ROSETTE.

Je le connais, madame.

HÉLÈNE, même jeu.

On n'est pas plus ridicule!

TRIAL, à part.

Je produis le plus grand effet.

ROSETTE, même jeu.

C'est M. Trial, le chanteur.

HÉLÈNE, bas à Rosette.

C'est vrai, tu as raison.

TRIAL, à part.

Comme elles chuchotent...

ROSETTE.

Celui que monsieur le vicomte, votre cousin, vous avait indiqué comme professeur de chant.

TRIAL, à part.

On me remarque de plus en plus... prenons une attitude gracieuse.

HÉLÈNE.

Il est très-laid... (A part.) Décidément, mon futur est jaloux. (A Rosette.) Tu as fait porter chez M. Trial la lettre que je t'ai remise hier?

TRIAL, à part.

Je crois que j'ai entendu mon nom.

ROSETTE.

Ah! mon Dieu, madame, je l'ai oubliée... Elle est encore là dans ma poche.

HÉLÈNE.

Etourdie!... Arrange-toi du moins pour qu'il la reçoive ce soir... Je vais à l'abbaye rejoindre ces dames qui m'attendent. Tu te trouveras ici après le concert.

ROSETTE.

Oui, madame.

(Hélène sort.)

SCÈNE VII.

TRIAL, ROSETTE.

TRIAL, à part, suivant des yeux Hélène.

Quelle noble démarche!

ROSETTE, à part, tirant la lettre de sa poche.

Le maudit billet, auquel je ne pensais plus... Si j'osais, la commission serait bientôt faite... Bah! osons.

TRIAL, à part.

Un billet... serait-il pour moi?...

ROSETTE.

C'est à monsieur Trial que j'ai l'honneur de parler?

TRIAL.

A lui-même, petite, que veux-tu?

ROSETTE.

Que monsieur me pardonne de lui remettre ici cette lettre de ma maîtresse.

TRIAL, saisissant la lettre.

Donne, donne, tu es adorable.

(Il l'embrasse.)

ROSETTE.

Vous êtes bien aimable! Ah! monsieur Trial, êtes-vous gentil dans les valets!

TRIAL.

Tu trouves?

ROSETTE.

Moi, quand je vais à la comédie, je n'écoute jamais que ce que disent les domestiques... et vrai, monsieur le marquis n'a pas dans toute sa maison un valet aussi bien tourné que vous...

TRIAL, d'un ton dédaigneux.

Tu es drôlette, petite... n'oublie pas ceci... les femmes de chambre... les vraies... je les lutine, mais voilà tout, car...

(Chantant.)

J'aime les soubrettes
Mais pour un seul jour,

J'ai des amourettes
Et n'ai pas d'amour.

ROSETTE, suffoquée.

Oh! soyez tranquille, monsieur, on ne l'oubliera pas... on ne l'oubliera... (A part énergiquement.) Faquin!...

(Elle sort par la gauche.)

SCÈNE VIII.

TRIAL, seul.

Enfin!... je puis ouvrir ce mystérieux billet plié en cœur... quel augure! ma main tremble, je suis ému... lisons... « Mademoiselle de Villepreux, chanoinesse du « chapitre noble de Remiremont, prie M. Trial de vouloir « bien se rendre à son hôtel, place Royale... » (S'interrompant.) Un rendez-vous! (Portant à plusieurs reprises le billet à ses lèvres.) Tiens! en voilà, en voilà encore... toujours... toujours... Ah! mon beau camarade Clairval, vous ne raillerez plus mes bourgeoises amours... Continuons... (Lisant.) « Place « Royale, pour lui donner des leçons de chant. » De chant!... mais non... je devine... il n'y a que les grandes dames pour sauver ainsi les apparences... (On entend une fanfare.) Quelle est cette fanfare? C'est un détachement des gardes d'Artois... Ils se dirigent de ce côté... Je n'aime pas les militaires, ça nous fait du tort, ça va sur nos brisées. J'aime mieux le concert spirituel, les vrais artistes remplacés par les dames de la cour... ça sera drôle!... ça sera détestable... cela m'amusera.

(Il entre vivement dans l'Abbaye.)

8.

SCÈNE IX.

LACHABEAUSSIÈRE, UN BRIGADIER des gardes du corps, GARDES DU CORPS, arrivant en rang.

LE BRIGADIER.

Halte! Front! rompez les rangs... (Les gardes mettent les fusils en faisceaux.) C'est ici que le capitaine des gardes doit nous envoyer ses ordres pour la marche et la cérémonie de Longchamps, attendons-les! Et si pendant ce temps M. de Lachabeaussière, qui est un connaisseur, veut bien commander notre dîner...

LACHABEAUSSIÈRE.

C'est déjà fait, mon brigadier, et un beau dîner, je m'en vante. (Apercevant Dalayrac.) Ah! voici Dalayrac et le message du capitaine.

SCÈNE X.

LES MÊMES; DALAYRAC, entrant et présentant un pli au brigadier.

LE BRIGADIER, lisant.

Ordre nous est donné d'attendre ici madame la comtesse d'Artois et les princesses pour former la haie sur leur passage... D'après l'heure indiquée, nous n'avons qu'une demi-heure pour dîner... et cependant il faudra qu'un de vous reste pour garder ces faisceaux.

DALAYRAC.

Moi, brigadier! heureux dans l'état militaire
Celui qui rend service à ses amis.

LACHABEAUSSIÈRE.

Mais ton dîner à toi...

DALAYRAC.
Je n'y tiens guère,
Je n'ai pas faim...

UN GARDE DU CORPS, entrant.
Ces messieurs sont servis.

LES GARDES DU CORPS.
Ah! la bonne nouvelle!
Le dîner nous appelle,
Arrosons de vins vieux
Nos propos amoureux
Et nos refrains joyeux !

DALAYRAC.
Allez choquer le verre,
Mais tout bas, bien bas,
Que la morale austère
Ne s'offense pas.

COUPLETS.

Premier couplet.

La tristesse me gagne,
L'amour a troublé ma raison :
Demandez au champagne
Mon bonheur ou ma guérison.

Allez choquer le verre, etc.

LES GARDES DU CORPS.
Allons choquer le verre, etc.

DALAYRAC.

Deuxième couplet.

Dans ma fatale ivresse,
En moi cachons bien la douleur
Qui tour à tour m'oppresse,
M'enchante et me brise le cœur !...

Allez choquer le verre, etc.

LES GARDES DU CORPS.
Allons choquer le verre, etc.

(Sortie des gardes du corps et du brigadier.)

SCÈNE XI.

LACHABEAUSSIÈRE, DALAYRAC.

LACHABEAUSSIÈRE, regardant Dalayrac.

A quoi rêve-t-il? si encore c'était à notre opéra. (S'approchant de lui.) Dalayrac, tu composes?...

DALAYRAC, brusquement.

Non! (Montrant les gardes du corps qui s'éloignent.) Comment ne les suis-tu pas?

LACHABEAUSSIÈRE.

Je suis invité à dîner chez Beaujon, le financier, cela me ferait du tort.

DALAYRAC.

Gourmand!

LACHABEAUSSIÈRE.

Et j'ai mes raisons pour te tenir compagnie. Expliquons-nous. Nous avons ensemble un ouvrage commencé, notre *Azémia*, un ouvrage dont nous attendions fortune et renommée. Il reste quelques morceaux à terminer... un surtout... qui doit te plaire... de la grâce, de la chaleur, de la tendresse...

Aussitôt que je t'aperçois,
Mon cœur bat et palpite!

Du Dalayrac... tout entier. Eh bien! c'est justement à cet air-là que tu t'es arrêté.

DALAYRAC.

Oui... c'est vrai.

LACHABEAUSSIÈRE.

Il semble que tu ne puisses plus rien produire... tu n'essaies même pas... Tous les jours je reçois des lettres les plus pressantes de M. le marquis de Villepreux, surintendant par intérim des menus plaisirs, qui me prie, me supplie de lui donner notre ouvrage... une occasion inespérée, le séjour du roi à Fontainebleau... Je cours alors pour te tourmenter, et je n'ai pas même cette satisfaction... On ne te trouve jamais... toujours sorti!

DALAYRAC

Oui... il est un but que je poursuis et que je ne peux atteindre... de là le désespoir, le découragement... Je suis si malheureux !

LACHABEAUSSIÈRE.

Alors, travaille.

DALAYRAC.

Impossible !... Je n'ai pas une idée... ou plutôt je n'en ai qu'une qui absorbe toutes les autres.

LACHABEAUSSIÈRE.

Comment, c'est donc sérieux ?... Avant tout, je suis ton ami, ouvre-moi ton cœur, dis-moi tes peines.

DALAYRAC.

Ah! pour cela... il faudrait remonter trop haut...

LACHABEAUSSIÈRE.

Eh bien! fût-ce au déluge !...

DALAYRAC.

Non... mais au temps de ma première jeunesse... C'était à Toulouse... mon père, tu le sais, sévère conseiller au parlement, avait décidé que j'entrerais dans la magistrature... Il me fallait donc pâlir sur les vieilles coutumes du Languedoc et le droit romain, et cependant ma vocation musicale s'était déjà révélée... l'on me défendait, sous les peines les plus sévères, de toucher au moindre instrument de musique. Alors, ne pouvant plus jouer du violon le jour, j'en jouais la nuit. Mon père logeait juste au-dessous de ma mansarde; s'il m'eût entendu, il eût tout brisé... Moi... peu m'importait... mais mon violon!... j'y tenais plus qu'à ma vie... Je pris le parti de grimper sur les toits pour aller jouer du côté opposé.

LACHABEAUSSIÈRE.

Au risque de te casser le cou !

DALAYRAC.

Aussi, malgré mon ardeur musicale, je n'y serais pas revenu deux fois sans un incident romanesque et imprévu. Les murs de notre maison étaient mitoyens avec un couvent d'Ursulines, dont les pensionnaires appartenaient presque toutes à la noblesse de la province... La première fois que je donnai ainsi un concert... à la lune, je vis tout à coup s'entr'ouvrir une fenêtre, et une figure angélique s'y découper comme dans un cadre de Greuze.

LACHABEAUSSIÈRE.

Le lendemain, je devine, tu revins à ton poste.

DALAYRAC.

L'angélique figure n'était plus à la fenêtre, mais dans le jardin du couvent... Ce fut ainsi, pendant tout un mois, un rendez-vous muet et mystérieux... Enfin, voulant du moins rapprocher la distance... je copiai de ma plus belle main une romance que je jouais souvent, et dont elle semblait préférer le motif... je la signai de mon simple prénom, Nicolas... et, une nuit, par-dessus le mur qui se dressait impitoyable entre nous, je lançai le rouleau qui, complaisamment, vint tomber à ses pieds.

LACHABEAUSSIÈRE.

Eh bien?

DALAYRAC.

Eh bien! le lendemain, dès que la nuit fut venue, me hasardant le long d'un mur de trente à quarante pieds sur des treillages à moitié vermoulus, je sautai dans le jardin, et, caché dans le bosquet où d'ordinaire elle dirigeait ses pas... je la vis venir... Comment te rendre mon ivresse?...

elle chantait ou plutôt elle soupirait... bien bas... ma romance! Je tombai à ses genoux, lui jurant un éternel amour, et elle, éperdue, tremblante, entendant la voix de ses compagnes qui l'appelaient : « Hélène... Hélène... » elle s'arracha de mes bras, et, soit par hasard, soit à dessein, elle laissa tomber en s'enfuyant cette croix d'argent qu'elle portait à son cou et que j'ai toujours là, sur mon cœur.

LACHABEAUSSIÈRE.

Et le dénoûment?

DALAYRAC.

Ce moment de joie suprême fut le dernier; depuis ce jour, ou plutôt depuis cette nuit, la fenêtre resta fermée, le jardin resta désert. Je compris qu'elle n'était plus là, qu'elle avait quitté le couvent, qu'elle était perdue pour moi...

LACHABEAUSSIÈRE.

C'est tout un roman.

DALAYRAC.

Te l'avouerais-je? ce visage de jeune fille à moitié vu, à moitié rêvé dans l'obscurité des nuits, ne s'est jamais effacé de ma mémoire. Je ne devais plus la revoir, et cependant mon cœur s'obstinait à conserver ce chaste et frais souvenir de mes vingt ans... C'était un pressentiment de ce qui devait m'arriver... il y a huit jours, à la sortie de la Comédie-Italienne, je l'ai aperçue de loin...

LACHABEAUSSIÈRE.

Ta pensionnaire de Toulouse?

DALAYRAC.

Mais impossible de la rejoindre.

LACHABEAUSSIÈRE.

Tu es le jouet d'une illusion.

DALAYRAC.

Oh! non! je l'ai bien reconnue,
Je me sens renaître à sa vue!

La crainte, le bonheur m'agitent tour à tour ;
C'est le réveil de mon premier amour !

> Un premier amour,
> Comme d'un beau jour,
> Du cœur c'est l'aurore,
> C'est dans sa fraîcheur
> La naissante fleur
> Au moment d'éclore.

ROMANCE.

Premier couplet.

Non, tous ces biens que nous cherchons plus tard,
Richesse, honneurs, jusqu'à la gloire même,
Vous n'êtes rien près du premier regard
Qui nous enivre et qui nous dit : Je t'aime !

> Un premier amour, etc.

Deuxième couplet.

Amour divin, amour chaste et discret,
Premier plaisir et première souffrance,
Qui pour le cœur est le plus doux regret
Lorsqu'il n'est plus, hélas ! une espérance !

> Un premier amour, etc.

SCÈNE XII.

DALAYRAC, LACHABEAUSSIÈRE, Le Brigadier, Gardes du Corps, Hélène, Dames et Seigneurs, Peuple, Cortége de la princesse.

(On entend les tambours qui battent aux champs dans le lointain.)

LE BRIGADIER, entrant vivement.

Aux armes, messieurs !... on bat aux champs, madame la comtesse d'Artois arrive... formez la haie sur son passage et suivez le cortége jusque dans l'église de l'Abbaye. (A Dalayrac.) Vous, monsieur, vous resterez ici en faction.

(Les gardes du corps forment la haie au fond du théâtre et contiennent la foule qui se presse sur les pas de la princesse. Dalayrac est à gauche, seul, sur le devant de la scène, présentant les armes en vue du public. Avant le défilé du cortège, Hélène descend les marches de l'abbaye; suivie de quelques dames, elle vient au-devant de la princesse et se place à sa droite. Défilé du cortége qui entre dans l'église.)

SCÈNE XIII.

DALAYRAC, seul, apercevant Hélène.

Mais non... ce n'est pas une vision... c'est bien elle!... Oh! c'est un horrible supplice... cloué... cloué là... Eh! que m'importe la discipline? je veux... je dois lui parler... courons... Oh! il est trop tard... la cérémonie commence.

(Orgue dans la coulisse jusqu'au finale. Musique religieuse avec accompagnement de chœur. Dalayrac, en sentinelle, se promène à grands pas d'un air agité.)

LE CHŒUR, en dehors.

Vers les voûtes éthérées
Montez, prières sacrées,
 Encens précieux!
Que l'hymne de nos louanges
Soit répété par les anges
 Au plus haut des cieux!

HÉLÈNE, en dehors.

O souvenir lamentable!
Le repentir nous accable
Et le deuil est dans nos cœurs!
Quand tout gémit sur la terre,
Quand pleure une sainte mère,
Soleil, voile tes splendeurs,
Voici le jour des douleurs!

LE CHŒUR.

Voici le jour des douleurs!

(Pendant le solo, Dalayrac s'arrête tout à coup et écoute avec une émotion croissante.)

DALAYRAC.

C'est étrange!... cette voix... je ne sais ce que j'éprouve à l'entendre... jamais je n'ai été ému comme en ce moment... oh! elle seule peut chanter ainsi... (Faisant un pas.) Si j'osais... (s'arrêtant.) Mais j'aurai beau m'offrir à ses yeux... elle ne me connaît pas, elle ne m'a jamais vu... Cependant, si je pouvais...

SCÈNE XIV.

DALAYRAC, LE VICOMTE.

LE VICOMTE.

Impossible d'entendre... devant moi des gens qui parlent de leurs affaires, mon voisin de gauche qui ronfle à contre mesure... les Vandales! Mais vous n'avez donc pas d'oreilles... ou plutôt vous en avez trop. (Apercevant Dalayrac.) Dalayrac!

DALAYRAC.

Ah! c'est vous, monsieur?

LE VICOMTE.

Toujours le même. Le vicomte d'Anglars pour vous servir; dites un mot, faites un geste, et tout ce que j'ai est à vous.

DALAYRAC.

Eh bien! gardez-moi ce fusil.

LE VICOMTE.

Ce fusil!...

DALAYRAC.

Merci, merci. Voilà un service que je n'oublierai jamais!

(Il sort précipitamment par la droite.)

SCÈNE XV.

LE VICOMTE, seul.

Monsieur! monsieur! Oh! bien oui... C'est parbleu bien un fusil... qu'est-ce qu'il veut que j'en fasse! Je dois avoir un drôle d'air... (L'orgue recommence.) N'importe., j'oblige un grand musicien qui est mon ami!... Eh! mais d'ici j'entends à merveille...

LE CHOEUR, en dehors.
Vers les voûtes éthérées, etc.

HÉLÈNE, en dehors.
Du ciel bénissons les lois,
A genoux, peuples et rois!

LE VICOMTE.
Ah! c'est la voix de ma cousine!...

LE CHOEUR.
A genoux, peuples et rois!

SCÈNE XVI.

LE VICOMTE, LE MARQUIS, sortant de l'église; puis LE BRIGADIER et LES GARDES.

LE VICOMTE, regardant dans la coulisse.

On relève les sentinelles... et Dalayrac qui ne revient pas!... comment le prévenir?

LE MARQUIS, apercevant le vicomte.

Ah! mon neveu! Je te cherchais dans l'église... que diable fais-tu là?

LE VICOMTE.
Ah! c'est vous, mon oncle; gardez-moi ce fusil.

LE MARQUIS.

Ce fusil !...

LE VICOMTE, en sortant précipitamment.

Soyez tranquille, je le retrouverai.

LE MARQUIS.

Qui ?... (Appelant.) Mon neveu ! mon neveu ! Il court comme un insensé. C'est bien un fusil, un vrai fusil !... Que veut-il que j'en fasse ?... Et sa cousine qui l'attend pour commencer la quête ! Me voilà forcé de l'accompagner !... Mais quêter avec un fusil à la main, j'aurais l'air de demander la bourse ou la vie !

LE BRIGADIER, entrant avec les gardes.

Eh bien ! où est donc le factionnaire ?... abandonner son poste ! (Apercevant le marquis, et allant à lui vivement.) Pourquoi avez-vous ce fusil ?

LE MARQUIS.

C'est ce que j'allais vous demander.

LE BRIGADIER.

De qui le tenez-vous ?...

LE MARQUIS.

De mon neveu.

LE BRIGADIER.

Qui, votre neveu ?...

LE MARQUIS.

Le vicomte d'Anglars.

LE BRIGADIER, avec impatience, prenant le fusil des mains du marquis.

Eh ! monsieur ! (Aux gardes.) En avant, marche !...

(Le brigadier et les gardes sortent militairement par la droite.)

LE MARQUIS.

Qu'est-ce que tout cela signifie ?... je n'y comprends rien !... et ma nièce qui est seule sur les marches de l'église !... allons vite lui donner la main !

SCÈNE XVII.

HÉLÈNE, DALAYRAC, TRIAL, LE MARQUIS, ROSETTE, Promeneurs, hommes et femmes.

FINALE.

(Le marquis donne la main à Hélène, qui tient la bourse de quêteuse, et la présente aux curieux assis sur des chaises.)

HÉLÈNE.
Donnez à la quêteuse !

DALAYRAC.
C'est elle... ô chance heureuse !

TRIAL, vidant sa bourse dans l'aumônière que lui présente Hélène.
Soyons grand et magnifique, comme un fermier général... Elle m'a souri... mais c'est cher !...

HÉLÈNE, présentant successivement la bourse.
Donnez à la quêteuse !
Donnez à la quêteuse !

DALAYRAC, à part, la voyant qui se dirige de son côté.
Elle approche... ô bonheur ! si je pouvais lui dire...
Oui, mais comment ?...
Ah ! que le ciel m'inspire
En ce moment!

COUPLETS.

HÉLÈNE.

Premier couplet.

Donnez, donnez... l'aumône a tant de charmes !
Dieu vous regarde, ah ! ne refusez pas !
Heureux qui peut sécher les larmes
De qui souffre ici-bas !
Pitié, pitié pour qui souffre ici-bas.

(Elle présente la bourse à Dalayrac.)

DALAYRAC.

Veuillez, pour mon offrande, accepter cette croix !

HÉLÈNE, à part.

Que vois-je ?

DALAYRAC, à part.

Elle a frémi, je crois.

Deuxième couplet.

A votre voix qui ne rendrait les armes ?
Cette prière, ah ! ne l'oubliez pas !
Heureux qui peut sécher les larmes
De qui souffre ici-bas !
Pitié ! pitié ! pour qui souffre ici-bas !

Le trésor que je laisse à votre charité,
Sera chez vous, par moi, dès demain racheté,
Si vous le permettez...

LE MARQUIS, à Dalayrac.

Nous cédons à vos vœux :
Place Royale, à l'hôtel Villepreux...

DALAYRAC, à part, avec joie.

Place Royale, à l'hôtel Villepreux !...

(Un orage commence ; pluie, éclairs et tonnerre. Entrée de la foule en désordre. Rosette a placé la mante sur les épaules d'Hélène. Le marquis s'éloigne vivement avec sa nièce ; Dalayrac s'incline sur leur passage et fait quelques pas pour les suivre.)

SCÈNE XVIII.

LES MÊMES, excepté le marquis et Hélène. PROMENEURS, HOMMES et FEMMES ; LE BRIGADIER et LES GARDES DU CORPS.

LE CHOEUR.

Affreuse averse,
Elle traverse
Nos vêtements !
Pluie et tonnerre,

Horrible guerre
Des éléments !
Dieu ! quelle foule
Qui va, qui roule
Avec des cris !
Et, sur la route,
Quelle déroute
Jusqu'à Paris !

(Dalayrac saisit un parapluie que lui offre un commissionnaire, et l'offre à Rosette.)

ROSETTE, s'abritant sous le parapluie.

Ah ! monsieur l'officier, quel secours généreux !
Sous cet abri, par nous la pluie est défiée.

DALAYRAC, sous le parapluie avec Rosette.

Votre belle maîtresse est-elle mariée ?...

ROSETTE.

Ça ne tardera pas... dans dix jours !

DALAYRAC, à part.

Ah ! grands dieux !

(Haut.)
Est-ce quelqu'un qu'elle aime éperdûment ?

ROSETTE, en s'échappant.

Très-raisonnablement.

DALAYRAC.

Pour mon cœur plus de souffrance !
Quelle douce espérance
Tout à coup luit à mes yeux !
Je suis heureux ! je suis heureux !

(Le brigadier entre suivi des gardes du corps.)

DALAYRAC.

Et mes camarades que j'oubliais !

LE BRIGADIER, à Dalayrac.

Monsieur, vous ferez huit jours d'arrêts !

DALAYRAC, accablé.

Moi !... huit jours d'arrêts ?....

(L'orage augmente ; départ des gardes du corps ; fanfares.)

LE CHOEUR.

Quelle horrible tourmente !
L'orage encore augmente :
Fuyons à travers champs !
L'averse nous inonde
Et le tonnerre gronde :
Ah ! le triste Longchamps !

(L'orage redouble avec violence ; tumulte général.)

ACTE DEUXIÈME

Un salon élégamment meublé, style Louis XVI. — Deux portes à gauche. Au premier plan, à droite, porte conduisant à un escalier de service. Fenêtre au deuxième plan. Portes au fond. Un clavecin à gauche. Tables.

SCÈNE PREMIÈRE.

ROSETTE et HÉLÈNE.

ROSETTE, à part.

Je vous demande à quoi rêve madame ! depuis une heure, pas une parole échangée !... je n'y tiens plus !... (Haut.) J'ai dit hier à madame que le jardinier-concierge de l'hôtel, Hubert, me recherchait en mariage...

HÉLÈNE.

Eh bien ! épouse-le !...

ROSETTE.

C'est qu'il est bien laid... et bien jaloux...

HÉLÈNE.

Ne l'épouse pas.

ROSETTE.

Mais c'est qu'il vient de faire un gros héritage.

HÉLÈNE.

Alors, épouse-le.

ROSETTE.

Je remercie madame de ses bons conseils !... (A part.) Ce

n'est pas là le sujet de conversation qui la fera parler !... (Haut.) Madame n'a pas eu de nouvelles du garde du corps de Longchamps ?

HÉLÈNE, avec indifférence et sans quitter sa tapisserie.

Non.

ROSETTE.

C'est dommage !

HÉLÈNE, même jeu.

Pourquoi ?

ROSETTE.

Il était si aimable... si obligeant ! Sans lui ma robe aurait été perdue ! Et rempli d'attentions... Il s'était informé du mariage de madame.

HÉLÈNE, même jeu.

Vraiment !...

ROSETTE.

Auquel il avait l'air de s'intéresser beaucoup.... Son intention était peut-être d'y assister...

HÉLÈNE.

C'est bien de l'honneur qu'il nous ferait... mais, depuis huit jours, j'ai, en ma qualité de quêteuse, une croix d'argent à lui, qu'il devait venir reprendre, et on ne l'a pas revu.

ROSETTE.

Cette croix est-elle en effet si précieuse ?

HÉLÈNE, d'un air indifférent.

Je ne sais !... je ne l'ai pas regardée ; il prétendait qu'elle lui était chère... et il paraît qu'il s'en soucie fort peu. (Sèchement.) C'est assez !...

ROSETTE.

Madame ne pense-t-elle pas à s'habiller ?

HÉLÈNE.

M'habiller... moi?

ROSETTE.

Puisque madame attend quelqu'un ce matin...

HÉLÈNE.

Quelqu'un?

ROSETTE.

Votre maître à chanter...

HÉLÈNE.

Je croyais que tu disais quelqu'un... Je suis bien ainsi.

ROSETTE, à part.

Madame a beau dire, c'est quelqu'un que M. Trial.

(Elle sort.)

SCÈNE II.

HÉLÈNE, tirant la croix de son sein.

Quelle rencontre étonnante! Oui! cette croix... la voilà... c'est bien elle! Et rien qu'en la regardant... je me crois revenue à mes beaux jours. Il me semble que je suis encore la pensionnaire du couvent de Toulouse.

AIR.

Dans mon beau couvent de Toulouse
Je crois un instant revenir :
De ma mémoire, ah! rien n'a pu bannir
Ces jours heureux dont mon âme est jalouse;
Réveille-toi, doux souvenir
De mon beau couvent de Toulouse!

Tin, tin, tin, tin,
C'est la cloche au son argentin,
Qui nous appelle
A la chapelle,

Tin, tin, tin, tin,
Sois en prière,
Nature entière,
Tin, tin, tin, tin,
C'est l'heure dernière
Du jour qui s'éteint,
Tin, tin, tin, tin, tin !

Oui, tout sommeille,
Tout devient noir !
Seule je veille
Dans le dortoir !
O coupable pensée !
Éperdue, insensée,
Je me lève soudain
Pour gagner le jardin !...
Sœur Angélique,
Vous dormez bien !...
Sœur Scholastique,
N'entendez rien !...
Dans une allée obscure
Je marche à l'aventure.
Tout me fait frissonner, hélas !
L'oiseau quittant son gîte,
La feuille que le vent agite
Et même le bruit de mes pas !

Dans mon beau couvent de Toulouse, etc

Tout à coup retentit
Un archet fantastique...
C'est le concert magique
Que j'attends chaque nuit !
Il me semble l'entendre,
Cet air plaintif et tendre :
Tra, la, la, la, la, la !
Non, ce n'est pas cela !
Tra, la, la, la, la, la !
Le voilà !... le voilà !...
Tra, la, la, la, la, la !
Oui, oui, c'est bien cela !

SCÈNE III.

HÉLÈNE, ROSETTE, puis TRIAL.

ROSETTE, entrant.

Madame, monsieur Trial vient d'arriver.

HÉLÈNE.

C'est bien!... Fais entrer.

ROSETTE, introduisant Trial.

Monsieur!... (A part, en sortant.) Ah! le bel homme!...

TRIAL, un rouleau à la main, à part.

Coiffé par Léonard, je dois être irrésistible.

HÉLÈNE.

Approchez, monsieur Trial...

TRIAL.

Votre très-humble serviteur accourt à vos ordres. (A part.) Qu'elle est belle!

HÉLÈNE.

Je ne sais pas ce que j'ai ce matin... je ne me sens pas disposée à prendre ma leçon.

TRIAL, à part.

Elle est émotionnée!

HÉLÈNE.

J'ai un peu de migraine... de vapeur...

TRIAL.

Mais, madame, la musique est comme le soleil... elle dissipe les vapeurs... (Riant.) Ah! ah!...

HÉLÈNE.

Eh bien, soit, essayons...

TRIAL.

A la bonne heure! Renoncer à votre leçon, c'eût été

douloureux pour votre maître, déjà si fier de son élève... en moins de quatre leçons, la grande dame a révélé la grande chanteuse.

HÉLÈNE.

Vous êtes un flatteur!...

TRIAL, à part.

Je la fascine!

HÉLÈNE.

Que chanterons-nous?

TRIAL, à part.

En avant mon duo incendiaire... (Haut.) Je me suis permis d'apporter ce duettino dont j'ai eu l'honneur de parler à madame, à notre dernière leçon.

HÉLÈNE.

De qui la musique?...

TRIAL, avec une modestie prétentieuse.

De moi...

HÉLÈNE.

De vous?...

TRIAL.

Paroles et musique...

HÉLÈNE.

Je suis curieuse de les connaître...

TRIAL.

Je dois avant tout vous expliquer le sujet...

HÉLÈNE.

Bien!... j'écoute.

TRIAL.

Voici... Un maître à chanter... épris des charmes d'une grande dame... son élève... (A part.) Elle se tait. (Haut et en

appuyant.) a l'audace d'élever ses regards jusques... à elle.
(A part.) Elle ne se fâche pas...

(Hélène se lève et va sonner.)

TRIAL, à part, inquiet de ce mouvement.

Elle va me faire jeter à la porte.

(Un laquais paraît.)

HÉLÈNE.

Avancez ce clavecin.

TRIAL, à part.

J'en ai eu froid dans le dos... (Haut.) Madame, je suis à vos ordres...

HÉLÈNE.

Commençons...

DUETTINO.

TRIAL.

« Pardonnez, noble dame,
« A mon indigne flamme,
« Ou soudain en ce jour
« J'exhalerai mon âme
« Dans un soupir d'amour!

HÉLÈNE.

« Quel affront pour ma race !
« D'ici que l'on vous chasse !
« Quand l'honneur est ma loi,
« Avec pareille audace,
« Lever les yeux sur moi ! »

TRIAL.

Un seul instant qu'ici je vous arrête.
Faites sentir sous l'indignation
De votre cœur la passion secrète...
Moins de courroux et plus d'émotion.

HÉLÈNE, reprenant.

« Quand l'honneur est ma loi,

« Avec pareille audace
« Lever les yeux sur moi ! »

TRIAL.

Plus rien à dire maintenant !
C'est compris merveilleusement.

(Parlé.)
Passons à l'andante.

HÉLÈNE.

« Ah ! qu'il est beau, qu'il est tendre !
« Je veux en vain me défendre...
« Contre son regard vainqueur !... »

TRIAL.

Ces mots pleins de douceur,
Il faut toujours les dire
Avec la bouche en cœur.

(Parlé.)
Regardez-moi bien.

« Ah ! qu'il est beau ! qu'il est tendre !
« Je veux en vain me défendre...
« Contre son regard vainqueur !... »

HÉLÈNE, riant.

Ah ! vraiment, vous me faites rire...
Ne roulez pas ainsi vos yeux !

TRIAL.

Gardez donc votre sérieux ;
Continuons notre leçon,
Et surtout prenez bien le ton.

HÉLÈNE.

« Hélas ! mon trouble
« Déjà redouble... »

TRIAL.

Agitato !...

HÉLÈNE.

« Sa vive flamme
« Gagne mon âme ! »

TRIAL.

Palpitando !

HÉLÈNE.

« Quel sentiment de moi s'empare!...
« Ma raison fuit, mon cœur s'égare!... »

TRIAL.

Delirando.

« Je vous adore !

HÉLÈNE.

« Je vous implore ! »

TRIAL.

Caressando !...

« Je vous adore...

HÉLÈNE.

« Je cède au feu qui me dévore!... »

TRIAL.

Expirando !

« Je vous adore, ô mes amours,
« Je suis à vous et pour toujours !

HÉLÈNE et TRIAL.

« Je vous adore,
« Je vous implore, etc. »

(A la fin du duo, Trial se jette aux genoux d'Hélène.)

HÉLÈNE, riant.

Ah!... ah!.. quel enthousiasme!

TRIAL.

Enthousiasme d'auteur !

HÉLÈNE.

Ce duo est charmant... nous le rechanterons...

TRIAL, à part.

Elle veut le rechanter... je triomphe !

ROSETTE, entrant, bas à Hélène.

Madame, le garde du corps est là.

HÉLÈNE, à part.

O ciel!... (Haut, à Rosette.) C'est bien... A demain, monsieur Trial...

TRIAL, s'inclinant, à part.

Maudite soubrette!

HÉLÈNE, indiquant l'escalier de service.

Fais sortir monsieur... par ici...

TRIAL, à part.

Un escalier dérobé... je comprends... Ce soir, j'achève l'aventure.

(Il salue Hélène, sort mystérieusement et disparaît.)

HÉLÈNE à part.

Venir ainsi... à l'improviste... Dans quel état je suis pour le recevoir... (Haut à Rosette.) Fais entrer dans ce salon, et viens m'habiller.

(Elle sort.)

ROSETTE.

Ah! madame s'habille... Il paraît que le garde du corps est quelqu'un...

SCÈNE IV.

ROSETTE, DALAYRAC.

ROSETTE.

Entrez, monsieur!... Vous vous portez bien, monsieur?

DALAYRAC.

A merveille, mademoiselle.

ROSETTE.

Vous n'avez pas été enrhumé?

DALAYRAC.

Vous êtes bien bonne...

ROSETTE.

On le craignait... il pleuvait si fort!

DALAYRAC, vivement.

On le craignait?

ROSETTE.

Ne vous voyant pas venir depuis huit jours!... mais vous voilà... (on sonne.) Pardon! c'est madame qui me sonne!... Si monsieur veut attendre un instant dans ce salon, madame va venir...

(Elle sort.)

SCÈNE V.

DALAYRAC.

AIR.

Je suis chez elle et je vais la revoir!
L'ivresse éclate en mon âme ravie!
Pour cet instant, pour cet espoir,
Hier encor, j'aurais donné ma vie!
Je suis chez elle et je vais la revoir!

Ah! quel charme m'attire!...
Je l'entends... je la vois...
Près d'elle je respire
Pour la première fois.

Tout me parle d'elle :
Voilà le miroir,
Qui, matin et soir,
Lui dit qu'elle est belle.
C'est parfois ici
Qu'elle voit peut-être
Dans l'ombre renaître
Un passé chéri.
C'est ici la place
Où son cœur rêvant

Retrouve la trace
Des jours du couvent.

Ah! quel charme m'attire! etc.

Mais tout passe,
Tout s'efface,
Même d'un tel amour le divin souvenir!...
Si je la revoyais oublieuse... infidèle,
S'il me fallait vivre sans elle,
Non, non, jamais, plutôt mourir!

Non, non, ma tendresse extrême
Ne peut s'alarmer ;
D'un amour si vrai je t'aime
Que tu dois m'aimer!...

Beaux jours de ma jeunesse,
Vous voilà revenus!
Que le calme renaisse
En mes sens éperdus !

Non, non, ma tendresse extrême, etc.

SCÈNE VI.

DALAYRAC, HÉLÈNE, ROSETTE.

ROSETTE.

Monsieur, voici madame...

(Elle avance un fauteuil et sort.)

DALAYRAC, assis.

Vous avez dû vous étonner, madame, de mon peu d'empressement à vous rendre ma visite, car depuis huit jours...

HÉLÈNE, affectant l'indifférence.

Y a-t-il huit jours?

DALAYRAC.

Oui... madame... oui... j'ai compté les instants... (Souriant.) D'abord parce que j'étais aux arrêts...

HÉLÈNE.

Aux arrêts ?

DALAYRAC.

Une personne, dont la vue m'avait rappelé mes plus chers souvenirs... s'était offerte à mes yeux, pendant que j'étais sous les armes, et, pour la suivre, pour la retrouver, j'avais tout abandonné... même mon poste.

HÉLÈNE.

En vérité... c'était pour cela !...

DALAYRAC.

Voilà, madame, comment j'ai tardé si longtemps, et bien malgré moi, à réclamer cette croix... et je viens la racheter au prix de cet or, qui est loin de la valoir.

(Il lui présente une bourse.)

HÉLÈNE.

Je vous remercie, monsieur, au nom des pauvres, de cette généreuse offrande... (Après un instant de silence et d'embarras.) De qui ai-je l'honneur de la recevoir ?... (Voyant qu'il garde le silence.) De monsieur...

DALAYRAC.

Dalayrac.

HÉLÈNE, vivement.

Le compositeur !... Ce nom qui chaque jour retentit à mon oreille !... L'homme de cœur, de talent, de génie !...

DALAYRAC.

Madame !...

HÉLÈNE.

Vous ne pouvez vous dérober à nos éloges !... le chantre de *Nina*, de *la Folle par amour*, est notre compositeur, notre protégé à nous autres femmes !... Oh ! monsieur, quelle belle carrière s'ouvre devant vous !

DALAYRAC.

Je ne le crois pas, madame ; le peu de succès que Dalayrac a obtenus... il les devait à la personne dont je vous parlais tout à l'heure, et en la perdant... il a tout perdu... Mais, pardon... cette croix, je vous prie...

HÉLÈNE.

Je vais vous la remettre.

(Pendant qu'elle ouvre le tiroir d'une petite table, à droite.)

DALAYRAC, à part.

Et je tremble... et je n'ose parler...

HÉLÈNE, prenant la croix sans la lui donner.

La voici !... Oserai-je vous demander comment elle se trouve entre vos mains ?

DALAYRAC.

Elle me vient d'un ami... qui me l'avait confiée... d'un ami... dont l'histoire vous intéresserait peu...

HÉLÈNE.

Pourquoi donc ?...

DALAYRAC.

Il aimait éperdûment une jeune fille qui, renfermée dans les murs d'un couvent... (S'arrêtant.) C'était... je crois... à Toulouse...

HÉLÈNE.

A Toulouse !...

DALAYRAC.

Lui était apparue comme l'ange gardien qui devait veiller sur sa vie... Séparé d'elle, mais fidèle à son image et à son souvenir, ni les séductions du monde, ni celles du théâtre, n'avaient pu la lui faire oublier... La gloire même, quand elle daignait lui sourire, lui rappelait celle à qui il la devait, celle à qui il eût été si heureux d'en faire hommage... Et cependant cette croix... que le hasard peut-être fit rencontrer à ses pieds... dans une allée du couvent... Cette croix était le seul souvenir qui lui restât d'elle !

HÉLÈNE.

Le seul ?

DALAYRAC.

Et celui d'une romance que bien jeune... il avait composée pour elle... la première ! Pauvre et simple mélodie... bien faible sans doute, que la mémoire oublie aisément et que le cœur seul conserve.

HÉLÈNE, prenant une romance manuscrite sur la petite table à droite.

J'en ai une... qui offre à peu près ce caractère, et que longtemps... je vous en demande pardon, j'ai préférée aux romances mêmes de Dalayrac.

COUPLETS.

Premier couplet.

Pauvre Nicolas
Nuit et jour soupire
Son tendre martyre,
Tout haut et tout bas.
Pauvre Nicolas !

DALAYRAC, à part.

O ciel !

HÉLÈNE, continuant.

Depuis que je l'ai vue
Tout s'embellit pour moi ;
Une joie inconnue
Me cause un doux émoi !
Son regard est le livre
Qui m'apprit le bonheur ;
Je le sens à mon cœur,
Aimer, c'est vivre !

DALAYRAC.

Hélène !... Hélène !... vous ne l'avez pas oubliée !...

HÉLÈNE.

Et vous?

DALAYRAC.

Deuxième couplet.

Pauvre Nicolas
Nuit et jour soupire
Son tendre martyre,
Tout haut et tout bas.
Pauvre Nicolas!

Depuis que je l'adore,
Plus brillants sont les cieux,
L'aube est plus belle encore,
Les oiseaux chantent mieux;
Tout me charme et m'enivre,
Tout redit mon bonheur;
Je le sens à mon cœur,
   Aimer, c'est vivre!...

(Il tombe à ses genoux.)

HÉLÈNE, effrayée.

Monsieur! que faites-vous!...

DALAYRAC.

Oui, Hélène, aujourd'hui encore et comme autrefois, cet amour est ma vie, et quand je vous revois, quand je vous retrouve... vous allez appartenir à un autre... Vous vous mariez!... non, ce n'est pas possible!...

HÉLÈNE.

Écoutez-moi... j'ai promis... j'ai juré à un oncle qui m'a servi de père... à mon cousin, qui m'a sauvé la vie, le vicomte d'Anglars... votre ami, votre admirateur...

DALAYRAC.

Que m'apprenez-vous?

HÉLÈNE.

Qui, dans son enthousiasme, dans son fanatisme, se ferait

tuer pour vous. C'est demain que ce mariage a lieu, et le rompre en un pareil moment, c'est manquer à toutes les convenances, à tous mes devoirs. Il y a là un éclat que je ne me sens pas la force de braver... et puis... s'il faut tout vous dire... un danger qui me fait trembler... c'est exposer vos jours !...

DALAYRAC.

Eh ! qu'importe !...

HÉLÈNE.

Ceux de mon cousin, qui ne supporterait pas un pareil outrage... Monsieur... monsieur, voyez si la raison, si l'honneur ne nous ordonnent pas de nous séparer... Ayez plus de courage que moi... ce que je dis, faites-le... éloignez-vous avec mon estime... avec mon... amitié.

DALAYRAC.

Hélène !...

HÉLÈNE.

Oui, mon amitié... et si vous en doutez, cette croix, qu'autrefois ma... frayeur seule fit tomber entre vos mains... c'est moi qui aujourd'hui vous la donne... recevez-la d'une amie qui ne vous oubliera jamais !

DALAYRAC.

Ah !... c'est trop d'ivresse et de douleur à la fois !...

HÉLÈNE.

Oh ! taisez-vous !... partez, partez.

DALAYRAC.

Qui ? moi !

HÉLÈNE.

Je vous en prie, partez.

DALAYRAC.

Vous le voulez...

HÉLÈNE.

Oui.

DALAYRAC.

Vous le voulez... adieu!... adieu!...

(Il sort vivement par le fond.)

SCÈNE VII.

HÉLÈNE, puis LE MARQUIS.

HÉLÈNE, tombant sur un fauteuil.

Allons... il n'est plus là... du courage... et tâchons d'oublier... Ciel! mon oncle!...

LE MARQUIS, se jetant dans un fauteuil à côté d'Hélène.

Ouf!... je n'en puis plus... si cela continue, j'en ferai une maladie; le roi m'a signifié ce matin que la première représentation du nouvel opéra aurait lieu dans cinq jours, sur le théâtre de Fontainebleau... Je suis sur les dents, comme mes chevaux, qui depuis trois heures courent avec moi après Dalayrac... impossible de le rejoindre, de le rencontrer...

HÉLÈNE, à part, toujours assise.

Et tout à l'heure il était là... à mes pieds.

LE MARQUIS.

Je donnerais tout au monde pour le voir...

HÉLÈNE, à part.

Et moi pour ne l'avoir pas vu!

LE MARQUIS, se retournant et apercevant le vicomte.

Ah! te voilà!...

SCÈNE VIII.

HÉLÈNE, LE VICOMTE, LE MARQUIS.

LE VICOMTE.

Oui, mon oncle... (s'inclinant.) Ma cousine!

LE MARQUIS.

Viens à mon aide... je n'existe plus, je suis mort!... Aussi je t'ai chargé de remplir par intérim...

LE VICOMTE.

L'intérim que vous remplissez vous-même, et je viens vous rendre compte d'abord...

LE MARQUIS.

Tu vas me parler musique.

LE VICOMTE.

Il le faut bien.

LE MARQUIS.

Ça me porte sur les nerfs... Ma nièce, n'as-tu pas un flacon ?

HÉLÈNE, le lui donnant.

Si, mon oncle.

LE MARQUIS, au vicomte, tenant le flacon à la main.

Va, maintenant.

LE VICOMTE.

Le concert spirituel de la semaine dernière, je vous en avais prévenu, a produit à la cour un déplorable effet; toutes les dames qui ont chanté faux vous en veulent; elles sont d'accord maintenant pour vous desservir auprès de la reine.

LE MARQUIS.

Et le roi, qui me demande notre nouvel opéra d'ici à cinq jours...

LE VICOMTE.

L'impossible ! bravo ! c'est notre seule chance de salut.

LE MARQUIS.

Et Clairval, qui refuse son rôle.

LE VICOMTE.

Il y a des moyens...

LE MARQUIS.

Le For-l'Évêque !... Une lettre de cachet !... J'en ai une en blanc, que m'a envoyée le lieutenant de police, pour m'en servir, le cas échéant.

LE VICOMTE.

Allons donc ! avec un véritable artiste !... (Mettant la lettre dans sa poche.) Trois meilleurs moyens...

LE MARQUIS.

Lesquels?

LE VICOMTE.

Des éloges... des éloges... et des éloges... il jouera, je m'en charge. Quant aux autres artistes et choristes, ils sont tous pleins de zèle. Je viens de les passer en revue, en votre nom, à l'hôtel des Menus-Plaisirs, faubourg Poissonnière... C'est charmant... il y a là de frais et piquants minois...

LE MARQUIS, voulant le faire taire.

Y penses-tu ?

LE VICOMTE.

Mais... oui !

LE MARQUIS, à demi-voix, montrant Hélène.

Devant ta fiancée ?

LE VICOMTE, se ravisant, à part.

Ah diable ! c'est vrai !... (Haut.) Vous disiez donc, mon oncle...

LE MARQUIS.

Qu'avant de s'occuper des artistes et de l'exécution, il faudrait que l'opéra fût fait.

LE VICOMTE.

Je m'en suis occupé, je viens de voir...

LE MARQUIS.

Dalayrac?

LE VICOMTE.

Non, Lachabeaussière, et je sais par lui pourquoi Dalayrac ne finit pas son opéra.

LE MARQUIS.

Pourquoi?

LE VICOMTE.

Il est amoureux... éperdûment amoureux d'une grande dame... sa première, sa seule passion.

HÉLÈNE, à part.

Et lui aussi, qui va m'en parler!

LE VICOMTE.

L'aventure est singulière... elle vous intéressera... ma cousine aussi... cela intéresse tout le monde... un amour enraciné par le temps, réveillé par le hasard et offrant les symptômes les plus alarmants, car on craint que son génie ne s'éteigne...

HÉLÈNE.

Ah! mon Dieu!...

LE VICOMTE.

Que sa raison ne s'égare... comme celle du Tasse amoureux de la princesse Éléonore. Comprenez-vous, ma cousine, que cette femme-là puisse lui résister?

HÉLÈNE, à part.

On dirait qu'il le fait exprès!

LE VICOMTE.

Enfin, convenez-en vous-même, mon oncle, quand vous entendez ses mélodies...

10.

LE MARQUIS.

Ça me fait mal à la tête!...

LE VICOMTE.

Non, ça vous charme, ça vous enivre, on est subjugué... on ne s'appartient plus... Si j'étais femme, je serais folle de lui.

HÉLÈNE, à part.

Il le veut... il le veut absolument... Aussi quel bonheur qu'il soit parti!

LE VICOMTE.

Rassurez-vous, du reste, il va venir.

LE MARQUIS.

Lui? Dalayrac?

HÉLÈNE.

Comment?

LE VICOMTE.

Oui, grâce à moi. Imaginez-vous qu'il préparait tout pour son départ... il l'avait avoué à Lachabeaussière... il voulait aujourd'hui même quitter Paris.

LE MARQUIS.

Tout était perdu.

LE VICOMTE.

Certainement! « Courez... retenez-le... me suis-je écrié, dites-lui qu'il ne peut s'éloigner sans faire ses adieux à ses meilleurs amis... qu'on l'attend à la place Royale, à l'hôtel Villepreux... au nom de mon oncle, de ma cousine, de toute la famille, au nom de l'amitié enfin... » et, je le connais, il viendra.

LE MARQUIS.

Il ne viendra pas...

HÉLÈNE, à part.

Il viendra!

LE VICOMTE.

On a frappé à la porte de l'hôtel... c'est lui.

HÉLÈNE, vivement et dans la plus grande agitation depuis le commencement de la scène.

Messieurs, je vous laisse.

(Elle sort.)

LE VICOMTE.

Oui, laissez-nous ensemble.

LE MARQUIS.

C'est ça... continue mon intérim.

(Il sort.)

SCÈNE IX.

LE VICOMTE, puis DALAYRAC.

LE VICOMTE, regardant par la porte du fond.

Il monte pensif et rêveur le grand escalier... il lève la tête... il m'aperçoit... ce cher ami!... (Lui tendant les bras.) Eh bien!... il s'enfuit!... non pas...

(Il s'élance, sort quelques instants et rentre tenant par le bras Dalayrac qui cherche à lui échapper.)

DUO.

LE VICOMTE.

Non, non, je ne vous quitte pas,
Non, non, je ne vous lâche pas...

DALAYRAC.

Ah!... ne retenez pas
Mes pas!...

LE VICOMTE.

Non, non, je ne vous lâche pas!...

DALAYRAC.

Au théâtre je dois me rendre...

LE VICOMTE.
Le théâtre peut bien attendre...
Rien qu'un instant...

DALAYRAC.
Je vous en prie...

LE VICOMTE.
Un seul moment!

DALAYRAC.
Je vous supplie...

LE VICOMTE.
Non, non, je ne vous quitte pas,
Non, non, je ne vous lâche pas.

DALAYRAC.
Ah! ne retenez pas
Mes pas!...

LE VICOMTE.
Non, non, je ne vous lâche pas,
Je vous tiens, morbleu! je vous garde...

DALAYRAC, à part.
Je voulais la revoir... c'est lui
Que, par malheur, je trouve ici.

LE VICOMTE.
Et tant pis si je vous retarde,
Vous m'écouterez jusqu'au bout.
Pas de mystère... je sais tout.

DALAYRAC, inquiet.
Vous savez tout...

LE VICOMTE.
Oui, je sais tout.
Vous aimez!... je lis dans votre âme,
Mais vous aimez comme jadis
Aimaient, dans leur naïve flamme,
Les Roland et les Amadis!

DALAYRAC.

J'aime... vous lisez dans mon âme...
J'aime... c'est vrai... comme jadis
Aimaient, dans leur naïve flamme,
Les Roland et les Amadis!

LE VICOMTE.

Modèle de galanterie,
Sans espoir, soupirant toujours,
Par vous renaissent les beaux jours
De la chevalerie!

DALAYRAC, à part.

Allons... il ne sait rien...
(Haut.)
Mais trêve de plaisanterie...
Si vous saviez quel amour est le mien!

LE VICOMTE.

Ah! ah! ah! c'est fort bien,
C'est sublime... par ce moyen,
Vous ne réussirez à rien.
Aujourd'hui, loin que l'on hésite,
Nous agissons mieux et plus vite.

DALAYRAC.

C'est vous qui me le conseillez?
C'est vous ainsi qui me parlez?

LE VICOMTE.

Laissez-moi, galant précepteur,
Vous mener tout droit au bonheur
Sans sérénade!

DALAYRAC.

Sans sérénade!

LE VICOMTE.

Par escalade...

DALAYRAC.

Par escalade!...

LE VICOMTE.
Pendant la nuit...

DALAYRAC.
Pendant la nuit !

LE VICOMTE.
On s'introduit...

DALAYRAC.
On s'introduit...

LE VICOMTE.
Puis, pour livrer la bataille...

DALAYRAC.
Puis, pour livrer la bataille...

LE VICOMTE.
Prenez, comme on fait toujours...

DALAYRAC.
Prenons, comme on fait toujours...

LE VICOMTE.
Manteau couleur de muraille...

DALAYRAC.
Manteau couleur de muraille...

LE VICOMTE.
Et le masque de velours.

DALAYRAC.
Et le masque de velours.

LE VICOMTE et DALAYRAC.
Sans sérénade
Par escalade,
Pendant la nuit
On s'introduit !...

DALAYRAC.
Mais vous allez me trouver ridicule !...

LE VICOMTE.

Comment! encor vous êtes indécis...

DALAYRAC.

C'est, qu'entre nous, il me vient un scrupule...
Si mon rival était de mes amis?...

LE VICOMTE.

Raison de plus!... ah! ah!... l'excellent tour
Il n'est point d'amis en amour!

DALAYRAC.

Merci, merci,
Mon cher ami!

LE VICOMTE.

N'ayez souci
De votre ami!...

Ensemble.

DALAYRAC.

Ravissante aventure!
La drôle de figure
Que fera mon ami!
Ce cher ami,
Ce doux ami,
Ce tendre ami!
Ah! je le vois d'ici!...

LE VICOMTE.

Ravissante aventure!
La drôle de figure,
Que fera votre ami,
Ce cher ami,
Ce doux ami,
Ce tendre ami,
Ah! je le vois d'ici!...

LE VICOMTE.

Osez, osez donc, vous dis-je...

DALAYRAC.

Vous le voulez?

LE VICOMTE.

Je l'exige!
C'est le plus cher de mes vœux,
Je le veux, oui, je le veux!...
Et puis, quant à l'ami,
Ma foi, tant pis pour lui!

DALAYRAC.

Merci, merci,
Mon cher ami!

LE VICOMTE.

N'ayez souci
De votre ami!

Ensemble.

DALAYRAC.

Ravissante aventure! etc.

LE VICOMTE.

Ravissante aventure! etc.

C'est convenu... vous ne partez pas... vous ne partez plus... nous pénétrons jusqu'à notre héroïne, nous faisons tomber les murs de son castel... en musique, comme ceux de Jéricho... nous l'enlevons elle-même s'il le faut!... (Lui donnant une poignée de main.) Je vous y aiderai, comptez sur moi, à la vie à la mort! Adieu... je vous laisse avec mon oncle. (A part, en sortant.) Je cours rejoindre Lachabeaussière et lui raconter le premier chapitre du roman.

(Il sort par la porte à droite.)

SCÈNE X.

DALAYRAC, ROSETTE.

DALAYRAC, qui est tombé dans un fauteuil, près de la table à gauche, saisit vivement une plume, et écrit avec agitation.

Le ciel m'est témoin que je voulais seulement faire mes adieux à Héléne ; puis, respectant ses ordres et les droits d'un ami... m'éloigner pour toujours... Mais on me retient... on le veut... que mon sort s'accomplisse !

ROSETTE qui est entrée par la porte à gauche, aperçoit Dalayrac.

Notre beau garde du corps... qui écrit avec agitation et comme s'il avait la fièvre...

DALAYRAC, pliant sa lettre et y mettant un pain à cacheter.

Ah ! c'est la gentille soubrette !...

ROSETTE.

Vous êtes bien bon !...

DALAYRAC.

Qui, le jour de la pluie, partageait mon humble toit !...

ROSETTE.

C'est dans les jours d'orage qu'on reconnaît ses amis !

DALAYRAC.

Aussi, je compte sur toi aujourd'hui : cette lettre pour ta maîtresse, cette bourse pour la messagère... tu comprends ?

ROSETTE.

Toujours... Au revoir, monsieur l'officier !

DALAYRAC, sortant par le fond.

Au revoir !...

ROSETTE.

Et bonne chance !... il est gentil !

SCÈNE XI.

ROSETTE, TRIAL.

(A peine Dalayrac est-il sorti, que Trial paraît à la porte de l'escalier de service, qu'il ouvre mystérieusement.)

TRIAL, après avoir regardé de tous côtés.

Pst!... pst!... Rosette! ce billet pour ta maîtresse...

ROSETTE, à part.

Bah!... comme l'autre...

TRIAL, lui donnant une pièce de monnaie.

Tiens... prudence et discrétion!

(Il s'esquive.)

ROSETTE, regardant la pièce.

Un petit écu... je t'en donnerai pour ton argent! Décidément, je passe à l'état de boite aux lettres! (Mettant chaque lettre dans une poche.) Là, celle du garde du corps; ici, celle de M. Trial. Je ne suis pas curieuse, mais je voudrais bien savoir...

COUPLETS.

Premier couplet.

Messager discret,
Tout couleur de roses,
Ah! si l'on t'ouvrait,
Comme on apprendrait
De gentilles choses!

A travers les plis
Je crois que je lis
Le mot le plus tendre,
Mot bien plus charmant
Alors qu'un amant
Nous le fait entendre!

Messager discret, etc.

Deuxième couplet.

C'est ainsi toujours!
Les mêmes discours
Servent à nous prendre!
« Cédez à mes vœux,
« Partagez mes feux,
« Ou j'irai me pendre! »

Messager discret, etc.

Commençons par le message le plus important, celui de l'officier... ma foi! le moyen de savoir, c'est de voir! (Elle cherche à lire en entr'ouvrant la lettre.) Ce n'est pas facile!...

SCÈNE XII.

ROSETTE, assise à la table à gauche, cherchant à lire ; LE MARQUIS, sortant de la porte à gauche, et s'avançant derrière elle.

LE MARQUIS, apercevant Rosette, et lui arrachant la lettre.

Ah! je vous y prends, friponne!...

ROSETTE, effrayée.

Ah! mon Dieu!...

LE MARQUIS.

Qu'est-ce que c'est que ce billet?...

ROSETTE, troublée.

Je n'en sais rien... c'était là, sur le coin de cette table.

LE MARQUIS.

Pas d'adresse : alors c'est pour moi... c'est pour tout le monde.

(Ouvrant la lettre.)

ROSETTE, à part.

Voilà une aventure!

LE MARQUIS, à part, lisant.

« Je meurs, si je ne vois vois, mon ange bien-aimée!... »
(S'interrompant.) Ce n'est pas pour moi... c'est pour ma nièce...
un amoureux sérieux, c'est-à-dire délirant, qui perd la tête!
Il demande un rendez-vous pour ce soir, à dix heures...
quand je disais à mon neveu qu'il s'occupait trop de musique
et pas assez de sa prétendue!... (Continuant de lire.) « En cas
« de consentement, qu'au reçu de cette lettre un flambeau
« à cette fenêtre... » le prévienne... L'impertinent!... et
quel est-il donc? (Regardant la signature.) Nicolas!... pas d'autre signature! Nicolas!... Nicolas!... ce n'est pas un nom!
Qui donc, je vous le demande, s'appelle Nicolas?... N'importe!... il existe, il aime, il ose espérer! Et si cette lettre
était tombée entre les mains de mon neveu... c'était fini!...
il ne s'occupait plus de moi, de mon opéra, ni de mes
affaires! Celle-là me regarde seul : il s'agit de ma nièce...
pas de bruit, pas d'éclat... Dès qu'il ne faut plus s'occuper
de musique, je retrouve ma tête... j'ai même des idées!
Congédions d'abord l'audacieux; mais, pour le congédier,
il faut le connaître... il faut savoir surtout s'il est aimé de
ma nièce... j'ai un moyen. (Regardant la lettre.) Il parle, pour
ne pas être reconnu par nos gens, de venir masqué et déguisé... à merveille!

ROSETTE, à part.

Qu'a-t-il donc à dialoguer ainsi tout seul?

LE MARQUIS.

Occupons-nous d'abord du signal...

(Il prend une table, et la porte contre la fenêtre.)

ROSETTE, à part.

Voilà qu'il remue les meubles...

LE MARQUIS.

Un flambeau près de la fenêtre...

ROSETTE, à part.

Il prend un flambeau.

LE MARQUIS.

Mettons-en deux pour y voir plus clair.

ROSETTE, à part.

Deux flambeaux... il fait le ménage !

LE MARQUIS.

Maintenant, remettons ce pain à cacheter, encore humide...

ROSETTE, à part.

Qu'est-ce que cette lettre renfermait donc, pour lui donner tant de mal ?...

LE MARQUIS.

Allons rejoindre ma nièce au petit salon, où elle travaille en ce moment, glissons cette missive dans sa boîte à ouvrage, et après cela ici, à mon poste !

(Il sort par la gauche sur la pointe du pied.)

SCÈNE XIII.

ROSETTE, LE VICOMTE.

ROSETTE.

On dirait que ce billet est pour lui, tant il a l'air content ! Quel dommage de n'avoir pas pu le lire ! (Allant s'asseoir à droite.) Allons, je me rattraperai sur l'autre ! (Entr'ouvrant la lettre.) Voyons un peu...

LE VICOMTE, entrant par la porte à droite et lui prenant la lettre.

Qu'est-ce que tu veux voir, curieuse ?

ROSETTE, à part.

Oh ! je n'ai pas de chance ! (Haut.) C'était une lettre que j'ai trouvée là... d'un inconnu...

LE VICOMTE.

Que tu voulais connaître... (Regardant la lettre, à part.) Pas d'adresse... du mystère... ça me va... lisons. Pas de signature... mais c'est pour ma cousine, pour ma fiancée. Quel est le fat mal élevé qui ose lui adresser un billet aussi mal écrit? (Se levant.) Ah! je lui apprendrai... (S'arrêtant en riant.) Ce serait lui faire trop d'honneur! Ce n'est pas là un style à... et, puisqu'il parle, pour ce soir, de déguisement et d'escalade... parbleu!... la lettre que m'avait donnée mon oncle... la lettre de cachet... C'est cela!... sans me nommer, sans apparaître en rien, envoyer le galant qui venait chanter à l'espagnole sous le balcon, l'envoyer, lui et sa romance, coucher au For-l'Évêque, avec accompagnement... de soldats du guet... c'est cela! (Relisant la lettre.) Et puisque la nuit est le signal qu'il demande, hâtons-nous de le donner.

(Il souffle les deux bougies.)

ROSETTE, à part, suivant les mouvements du vicomte.

Eh bien! il éteint un flambeau... il en éteint deux... et son oncle qui les avait placés là... quelle aventure!

(Le vicomte sort par la porte du fond. Nuit complète.)

SCÈNE XIV.

ROSETTE, puis TRIAL.

ROSETTE, seule.

Eh bien! il s'en va, et je ne sais rien, absolument rien!... toujours la même obscurité... c'est-à-dire plus grande encore! La fenêtre s'ouvre... qu'est-ce que ce peut être?

(Paraît à la fenêtre, Trial, en domino noir, avec un masque.)

TRIAL, se frottant les reins.

Brutal de jardinier!... Heureusement il faisait nuit... L'honneur est intact, mais le reste... Tâchons de nous orienter... (Rencontrant un meuble.) Aïe! je me suis fait mal...

ROSETTE, qui est près de lui, à part.

C'est M. Trial!... Ah! mon beau chanteur, vous n'aimez

pas les femmes de chambre... il vous faut des chanoines-
ses... Vous en aurez, et de parfumées.

(Elle prend un flacon sur la table, à gauche, et s'inonde de parfums.)

FINALE.

TRIAL.

Près d'une grande dame,
Dieu merci!
Me voici!

ROSETTE.

Près du roi de mon âme,
Dieu merci!
Me voici!

TRIAL, à part.

Quelle douce espérance!
Tout va bien;
Je la tien!

ROSETTE.

Quelle douce vengeance!
Tout va bien;
Je le tien!...

TRIAL, à part.

Obscurité charmante,
Heureux comme un marquis,
Je sens ma noble amante
A ses parfums exquis!

ROSETTE et TRIAL.

Il me semble
Que je tremble;
Mon bonheur
Me fait peur!

TRIAL, à part.

Au diable la modestie!...

ROSETTE, à part.

Au diable la pruderie!
Avançons!

TRIAL, à part.

Attaquons!...
(Haut.)
Excusez-moi si j'ose
M'élever jusqu'à vous!

ROSETTE, à part.

Jusqu'à moi... la belle chose!...

TRIAL.

Je suis à vos genoux,
Si vous daignez pardonner ma tendresse,
Sur votre main, permettez, chanoinesse,
De prendre un seul baiser,
Un tout petit baiser.

(Il cherche à saisir la main de Rosette.)

ROSETTE, à part.

Quel excès de tendresse!
Mais je suis chanoinesse,
Je dois le refuser.

(Elle repousse la main de Trial avec un coup d'éventail.)

TRIAL.

Aïe! aïe! adorable méchante!
(Même jeu de Rosette.)
Aïe! aïe! quelle grâce touchante!
Frappez! ne craignez rien!
Ce mal fait tant de bien!...
(A part.)
Bourgeoises si piquantes,
Oui, vous êtes charmantes;
Mais on dira
Ce qu'on voudra,
Vous n'avez pas ces façons-là!

SCÈNE XV.

TRIAL, ROSETTE, à droite du théâtre; LE MARQUIS, entr'ouvrant la porte de gauche, entre sur la pointe du pied; il est, comme Trial, en domino noir, avec un masque; HÉLÈNE.

LE MARQUIS, au milieu du théâtre, à part.
Par une habile trame,
Avant lui
Me voici!...

HÉLÈNE, entrant par la porte de gauche, à part.
Quel trouble dans mon âme
A produit
Cet écrit!...

LE MARQUIS, à part.
Mon rôle ici commence;
Observons,
Écoutons!...

HÉLÈNE, dans le plus grand trouble.
Partager sa démence,
Je ne peux,
Je ne veux...

TRIAL, tenant la main de Rosette.
Quelle main enchanteresse
Au toucher de velours!
La main d'une chanoinesse
Se reconnaît toujours!...

Ensemble.

HÉLÈNE.
Il me semble
Que je tremble;
J'ai grand peur
De mon cœur!

LE MARQUIS.
Il me semble

11.

Que je tremble;
Non, mon cœur
N'a pas peur !

TRIAL et ROSETTE.

Il me semble
Que je tremble;
Mon bonheur
Me fait peur !

HÉLÈNE, faisant quelques pas vers le milieu.

A ses projets, je le suppose,
Il aura renoncé...

(Elle rencontre le marquis, dont elle touche la main.)

Juste ciel ! est-ce vous ?

LE MARQUIS, à voix basse.

Oui ! c'est moi !...

(A part.)

L'incroyable chose !...
Elle a eu le billet... et vient au rendez-vous !...

HÉLÈNE, à demi-voix au marquis.

Je n'avais pas donné le signal... et pourtant
Vous osez venir !... imprudent !
Je vous ai dit pour vous quelle était ma faiblesse !

LE MARQUIS, à part.

J'ai peur pour mon neveu !

HÉLÈNE.

Je vous ai dit aussi
Que fidèle au devoir...

LE MARQUIS, à part.

Bravo ! bravo ! ma nièce !

HÉLÈNE.

Je me dois toute à mon mari !

LE MARQUIS, à part.

Pour l'honneur d'un neveu, destin, je te rends grâce !
Mais celui dont j'ai pris la place,
Quel est-il ?... J'en perds la raison !

TRIAL, à droite, à Rosette, en lui donnant une bague.
Oui, daignez accepter ce don,
Que je vous offre au nom de Cupidon !

HÉLÈNE.
Oui, fuyons le péril.

LE MARQUIS, à part.
Ce rival, quel est-il?...
(Rosette, qui était à gauche, s'échappe des bras de Trial.)

TRIAL.
De tant de rigueurs je suis las!...
(Il fait quelques pas vers le milieu pour joindre Rosette, et rencontre le marquis.)

LE MARQUIS, à part.
Ah! je le tiens enfin, ce monsieur Nicolas!
Ah! morbleu! ne le lâchons pas!
Eh! mais... c'est lui qui me serre en ses bras!...
Résistons!...

TRIAL.
Ah! cédez! ou je me meurs, hélas!
(Le marquis se dégage des bras de Trial et va tomber sur un fauteuil à droite. Trial le suit et se jette à ses genoux, et pendant quelque temps il a l'air de lui parler bas et vivement.)

SCÈNE XVI.

HÉLÈNE, DALAYRAC, entrant par la fenêtre, il est, comme Trial et le marquis, en domino noir avec un masque; TRIAL, LE MARQUIS, ROSETTE.

DALAYRAC, à part.
Ivre d'amour, au rendez-vous fidèle,
Je m'avançais et je n'hésitais pas...
Et maintenant que je me sens près d'elle
Je tremble et n'ose faire un pas.
(Le marquis, pressé par Trial, se lève brusquement, passe devant lui e

gagne le milieu du théâtre ; Trial le suit et lui prend la main gauche, Dalayrac, s'avançant en ce moment vers le milieu du théâtre, le rencontre et lui prend la main droite.)

DALAYRAC, à demi-voix.

Est-ce vous ?

LE MARQUIS, à part.

Ah ! grand Dieu ! l'on me prend l'autre bras !...
Serait-ce un autre Nicolas ?
De peur de me trahir, je n'ose faire un pas !...
(Moment de silence. On entend du bruit au dehors. Effroi de tous les personnages, qui semblent écouter.)

TRIAL et ROSETTE.

Quel bruit !...

DALAYRAC.

Quel bruit !...

LE MARQUIS.

Quel bruit !...

HÉLÈNE.

Mon cœur tremble et frémit !...

TRIAL, LE MARQUIS, DALAYRAC.

Quel bruit
Importun et maudit !...

TOUS.

Il s'approche ! il grandit !...

HÉLÈNE, à part.

Sans plus attendre,
Échappons-nous !
(Elle entre dans la chambre à gauche, mais reste sur le seuil.)

ROSETTE, à part.

Craignons l'esclandre
D'un pareil rendez-vous !
(Elle entre à droite et demeure sur le seuil.)

DALAYRAC et TRIAL, *s'adressant au marquis, qui est debout entre eux deux.*

Rassurez-vous, madame ;
A vous mes jours, mon âme,
Et mon plus tendre aveu,
Et mon amour de feu !

SCÈNE XVII.

DALAYRAC, LE MARQUIS, TRIAL, HÉLÈNE, ROSETTE, LE VICOMTE, JOLIVARD, Exempts de Police, Soldats du Guet, Gens de la maison, *portant des flambeaux.*

(Pendant toute cette scène, le vicomte enveloppé dans un grand manteau, avec un chapeau à larges bords, donne mystérieusement des ordres à Jolivard et de manière à n'être pas vu par les principaux personnages.)

LES EXEMPTS.
Ah ! ah ! la belle affaire
Pour des exempts
Intelligents !
Ah ! ah ! le téméraire,
Nous le cernons,
Nous le tenons !

JOLIVARD, *se désignant lui-même.*
Je suis le secrétaire
Du lieutenant civil !

DALAYRAC, LE MARQUIS, TRIAL.
Ici pourquoi vient-il ?

LE VICOMTE, *à voix basse à Jolivard.*
Vous m'avez bien compris ?...

JOLIVARD, *à voix basse au vicomte.*
Oui, la voiture est prête...

LE VICOMTE, *lui donnant un papier scellé.*
Il faut, sans me nommer, voici l'ordre formel,

Que sans éclat à l'instant on arrête
Celui qu'on trouvera masqué dans cet hôtel!...

JOLIVARD.

Ah! qu'est-ce que je vois?
Mais ils sont trois!

LE VICOMTE, HÉLÈNE, ROSETTE.

Mais ils sont trois!

DALAYRAC, TRIAL, LE MARQUIS.

Nous sommes trois!

LE CHŒUR.

Oui, trois!

LE VICOMTE, à Jolivard.

Que signifie une telle équipée?
A chacun d'eux, d'abord, demandez son épée!

JOLIVARD, s'avançant vers les trois hommes masqués et avec gravité.

Au nom du roi
Représenté par moi,
Votre épée!

(Dalayrac, Trial et le marquis tirent leur épée et la remettent à Jolivard.)

LE VICOMTE, à Jolivard.

Ces messieurs, si j'en crois mes yeux,
Ne sont pas des voleurs, mais bien des amoureux,
Et de peur du scandale en ce galant mystère,
Ailleurs que dans l'hôtel le fait doit s'expliquer.
Emmenez-les tous trois et sans les démasquer,
Au For-l'Évêque, où s'instruira l'affaire.

JOLIVARD.

Mais sous quels noms les écrouer! Vos noms?
Ils ne répondent pas... pour de bonnes raisons!

LE CHŒUR.

Vos noms, vos noms, vos noms?...
Point de résistance!
Rompez le silence.
Votre nom,
Ou sinon!...

Ensemble.

DALAYRAC et TRIAL.

Dans un piége on m'attire,
Ah! cachons bien mon nom;
Plutôt que de le dire
Cent fois mieux la prison!

LE MARQUIS.

De moi l'on pourrait rire.
Ah! cachons bien mon nom :
Plutôt que de le dire
Suivons-les en prison!

DALAYRAC, à part.

Eh! parbleu, pourquoi pas?
(Haut.)
Nicolas!

LE MARQUIS, avec joie.

Nicolas!

LE VICOMTE, avec un sentiment de colère concentrée.

Nicolas!

HÉLÈNE, avec anxiété.

Nicolas!

JOLIVARD, TRIAL et ROSETTE, avec surprise.

Nicolas!

LE CHOEUR.

Nicolas!

LE MARQUIS, à part.

Le voilà donc, ce Nicolas!
Pour moi plus d'embarras.

JOLIVARD et LE CHŒUR à Trial et au marquis.

Point de résistance!
Rompez le silence.
Votre nom,
Ou sinon!...

TRIAL.

Eh! parbleu, pourquoi pas?
(Changeant sa voix.)
Nicolas!

LE VICOMTE.

Nicolas!

DALAYRAC.

Nicolas!

JOLIVARD.

Nicolas!

TRIAL, HÉLÈNE, ROSETTE.

Nicolas!

LE MARQUIS.

Nicolas... un second!

LES EXEMPTS, au marquis.

Votre nom? votre nom?

LE MARQUIS.

Eh! parbleu... comme eux... pourquoi pas?
(Changeant sa voix.)
Nicolas!

TRIAL.

Nicolas!

DALAYRAC.

Nicolas!

LE VICOMTE.

Nicolas!

HÉLÈNE et ROSETTE.

Nicolas!

LE CHOEUR.

Nicolas!

JOLIVARD.

Quel embarras!
J'ai sur les bras
Trois Nicolas!

TOUS.

Trois Nicolas!

Ensemble.

LE VICOMTE et LE MARQUIS, TRIAL et DALAYRAC, JOLIVARD, LES EXEMPTS, LES SOLDATS DU GUET.

La chose est incroyable,
Inexplicable,
Inconcevable,
Impénétrable,
Invraisemblable!
Dans cet hôtel comment
Pareil événement?
Un Nicolas,
Deux Nicolas,
Trois Nicolas,
Quel embarras!

LE VICOMTE, à part.

Ah! si je m'en croyais,
(Faisant le signe d'arracher le masque.)
A l'instant je saurais...
(Montrant les exempts et les soldats.)
Mais non... pas devant eux... l'honneur de ma cousine,
Veut qu'entre nous, sans bruit, l'affaire se termine,

Et ma vengeance ailleurs retrouvera ses droits !
(Bas à Jolivard.)
Au For-l'Évêque tous les trois !

JOLIVARD, aux exempts.
Au For-l'Évêque tous les trois !

TOUS.
La chose est incroyable, etc.
(Sur un signe de Jolivard, les exempts entourent les trois hommes masqués et se préparent à les emmener.)

ACTE TROISIÈME

Un salon élégant à l'intendance des Menus-Plaisirs. — Portes au fond. Sur le premier plan de chaque côté, une porte; au-dessus un œil-de-bœuf. A droite un canapé.

(Au lever du rideau, des jeunes élèves de l'Opéra font des battements et des pliés. — Sur le devant de la scène, deux jeunes filles dansent la gavotte, que le maître à danser exécute sur sa pochette.)

SCÈNE PREMIÈRE.

LE VICOMTE, un Maitre a danser, Danseuses.

LE VICOMTE.

Ah! ah! on travaille déjà aux Menus-Plaisirs... mes petits anges. (Elles saluent.) C'est très-bien, monsieur Ballon, maître à danser aux Menus-Plaisirs... vos élèves sont charmantes... charmantes... (Apercevant Lachabeaussière.) Mais laissez-nous... nous sommes en affaires.

(Les danseuses sortent avec le maître à danser.)

SCÈNE II.

LE VICOMTE, LACHABEAUSSIÈRE.

LE VICOMTE.
C'est bien, mon cher Lachabeaussière, l'exactitude même

LACHABEAUSSIÈRE.
J'étais encore au lit quand j'ai reçu votre lettre... et me voilà! Huit heures précises du matin.

LE VICOMTE.

Prenez garde! passez par ici... il y a là, je crois, une trappe.

LACHABEAUSSIÈRE.

Comment, une trappe? Sommes-nous donc à Venise ou à l'inquisition?

LE VICOMTE.

Cette salle, qui sert aux répétitions, est machinée comme à l'Opéra. Non, non, soyez tranquille. C'est fermé... rien à craindre... J'ai aussi écrit à Dalayrac de très-bonne heure, il était déjà sorti... Aussi nous sommes obligés de l'attendre.

LACHABEAUSSIÈRE.

Et pourquoi donc?

LE VICOMTE.

Pour être mon témoin.

LACHABEAUSSIÈRE.

Un duel!... bravo!

LE VICOMTE.

Allons donc! est-ce que je vous dérangerais pour si peu de choses?... Trois duels, mon cher!

LACHABEAUSSIÈRE.

Trois!...

LE VICOMTE.

Ici, dans les jardins de l'intendance, qui sont immenses... ça se passera en famille, entre amis et sans que Paris en sache rien... c'est là l'essentiel.

LACHABEAUSSIÈRE.

Et la cause de l'affaire?...

LE VICOMTE.

Voici, nous ne sommes plus en carnaval, et hier soir, cependant, trois cavaliers masqués se sont introduits dans l'hôtel de mon oncle, place Royale, portant tous les trois pour seule désignation le nom de *Nicolas*. C'est une mystification, ça me va! je les aime... quand je n'en suis pas l'objet. Une plaisanterie en vaut une autre, et comme j'avais par hasard à ma disposition une lettre de cachet dont je ne savais que faire, je les envoie par le ministère d'un exempt coucher tous les trois au For-l'Evêque, et moi je gagne mon lit, où je comptais dormir tout d'un somme... Point du tout, je suis réveillé par l'exempt, m'annonçant que le gouverneur du For-l'Evêque n'avait pas voulu, sur une seule lettre de cachet, recevoir trois prisonniers; qu'un seul avait obtenu la faveur d'entrer... et que ledit exempt, ne sachant que faire des deux autres, venait me demander pour eux un placement convenable.

LACHABEAUSSIÈRE.

Eh bien, qu'avez-vous fait?

LE VICOMTE.

Je les ai envoyés à l'intendance des Menus-Plaisirs, dans les domaines de mon oncle, l'un de ce côté, (Montrant la porte de droite.) l'autre de celui-ci. C'est là qu'ils auront passé, je le présume, une assez mauvaise nuit! Mystification qui répond à la leur, et maintenant je viens me mettre aux ordres des *trois Nicolas*, y compris celui du For-l'Evêque, que l'on va m'envoyer ce matin.

LACHABEAUSSIÈRE.

Tous les trois réunis, ce sera plaisant.

LE VICOMTE.

Oui... un morceau d'ensemble, un trio...

LACHABEAUSSIÈRE.

Toujours musicien!

LE VICOMTE.

Il ne manquait que des témoins, j'en ai prévenu trois... vous, Dalayrac et mon oncle.

LACHABEAUSSIÈRE.

Votre oncle!

LE VICOMTE.

C'est chez lui que ces messieurs avaient placé la scène... aussi je lui ai écrit de nous arriver au plus vite... et le voici sans doute.

LACHABEAUSSIÈRE, voyant entrer Rosette.

Non, c'est Rosette.

SCÈNE III.

LACHABEAUSSIÈRE, LE VICOMTE, ROSETTE.

LE VICOMTE.

Rosette! si matinale, mon enfant?

ROSETTE.

Madame votre cousine, qui est très inquiète, m'envoie ici à l'Intendance pour savoir des nouvelles de monsieur votre oncle.

LE VICOMTE.

De mon oncle?... N'est-il pas chez lui, à son hôtel, place Royale?

ROSETTE.

Non, monsieur, il n'est pas encore rentré.

LE VICOMTE.

A huit heures du matin... s'attarder à ce point-là!... Passe encore si c'était moi... mais lui!...

LACHABEAUSSIÈRE, à demi-voix.

Que je croyais un homme grave et raisonnable!

LE VICOMTE, de même.

Que voulez-vous? intendant des Menus-Plaisirs, c'est un poste bien dangereux! et encore il n'exerce que par intérim... jugez!... (A Rosette, d'un air important.) Je sais... je sais où est mon oncle... nous l'attendons.

LACHABEAUSSIÈRE, bas au vicomte.

Vous le savez ?

LE VICOMTE, de même.

Je ne m'en doute pas, mais pour le décorum... pour la famille...

ROSETTE.

De plus, monsieur, voici un chapeau et des gants que Hubert, le jardinier, a trouvés ce matin dans une des allées du jardin, et que je vous apporte avec une lettre de lui.

LE VICOMTE.

« Monsieur le vicomte... » C'est bien! (L'ouvrant et lisant.) « En l'absence de notre maître, je dois vous rendre « compte... »

ROSETTE, au vicomte pendant qu'il lit.

Il ne faut guère croire que la moitié de ce qu'il dit, parce que... vous savez... depuis qu'il a hérité et qu'il me recherche en mariage, il a toujours peur qu'on ne lui enlève... son héritage... ou sa femme.

LE VICOMTE, qui pendant ce temps-là a parcouru la lettre.

Eh mais! ce qu'il m'écrit là me paraît irréprochable... sauf les fautes d'orthographe... nous aviserons.

ROSETTE.

Alors, monsieur, puisque vous savez où est M. le marquis et que vous l'attendez, je puis dire à ma maîtresse, qui désirerait tant vous voir...

LE VICOMTE.

Qu'elle vienne! qu'elle vienne!... elle sera la bien reçue.

ROSETTE, sortant.

Oui, monsieur.

LE VICOMTE, à Lachabeaussière.

Et nous, mon cher Lachabeaussière, hâtons-nous; voyez si Dalayrac est rentré chez lui, et s'il n'était pas de retour, si mon oncle ne revenait pas...

LACHABEAUSSIÈRE.

Je vous amène deux ou trois de nos camarades. Des exceptions, des gardes du corps prudents et discrets, dont je vous réponds comme de moi-même. (On frappe à la porte à gauche.) Entendez-vous ?...

LE VICOMTE.

Un de mes prisonniers qui s'impatiente... il est dans son droit... il a faim... je m'étais chargé de leur logement, mais non de leur nourriture... allez vite.

(Lachabeaussière sort.)

SCÈNE IV.

LE VICOMTE, puis LE MARQUIS.

LE VICOMTE.

C'est juste... on se bat et on déjeune... Ouvrons de ce côté. (Il tire le verrou, la porte s'ouvre, le marquis entre vivement.) Ciel! mon oncle!

LE MARQUIS.

Mon neveu! où suis-je?

LE VICOMTE.

Aux Menus-Plaisirs!... et on vous accusait déjà d'avoir passé la nuit dehors... quand vous n'êtes pas sorti de chez vous... Mais que diable faisiez-vous là?

LE MARQUIS.

Est-ce que je sais!... Mais ça ne se passera pas ainsi, nous connaîtrons celui qui a osé m'incarcérer depuis hier.

LE VICOMTE.

Je le connais, mon oncle.

LE MARQUIS.

Et qui donc?

LE VICOMTE.

C'est moi!

LE MARQUIS.

Toi... neveu dénaturé!...

LE VICOMTE.

Pourquoi aussi vous trouvez-vous égaré et perdu dans les Nicolas?... Pourquoi ce domino... ce masque?...

LE MARQUIS.

Dans ton intérêt! dans l'intérêt de ton honneur, de celui de la famille... Soupçonnant que sous ce costume devait s'introduire un amoureux... un séducteur... j'ai voulu le prévenir et prendre sa place... Une idée que j'avais.

LE VICOMTE.

Eh! pourquoi avoir des idées? pourquoi sortir de vos habitudes?...

LE MARQUIS.

Je croyais bien faire.

LE VICOMTE.

Et surtout... pourquoi vous laisser amener au For-l'Évêque sans vous nommer?

LE MARQUIS.

Est-ce que je le pouvais? moi... surintendant des Menus... arrêté, masqué, la nuit, comme un carême-prenant, devant l'exempt... le gouverneur et les soldats du guet... J'étais ce matin la fable de tout Paris... et ma place... Encore si tu avais été là...

LE VICOMTE.

J'y étais, mon oncle.

LE MARQUIS.

Comment?

LE VICOMTE.

Continuez.

IV. — XVIII.

LE MARQUIS.

Es-tu sûr que cela ne se saura pas quelque peu?...

LE VICOMTE.

On ne saura rien... j'en réponds... le secret reste entre nous deux... et à moins que vous ne réclamiez pour abus de pouvoir... et pour attentat à la liberté...

LE MARQUIS.

Eh! non!

LE VICOMTE.

Vous en avez le droit.

LE MARQUIS.

Eh non! te dis-je... Parlons de nos affaires... de ma place... de notre opéra... Où tout cela en est-il depuis hier?

LE VICOMTE.

Je vous le dirai tout à l'heure.

LE MARQUIS.

C'est pour cela que tu es de si bon matin aux Menus-Plaisirs?

LE VICOMTE.

Oui, mon oncle... mais parlons d'abord de ce séducteur que vous soupçonniez ; c'est un des Nicolas?

LE MARQUIS.

Précisément, mais je me trompais peut-être... la preuve, c'est que des trois... en voilà déjà un parfaitement innocent...

LE VICOMTE.

Qui de trois ôte un... reste... Par la mordieu! je m'en vengerai.

LE MARQUIS.

En compromettant ma nièce, ta fiancée, ce que je voulais éviter...

LE VICOMTE.

Non!... non!... je me vengerai d'eux en les forçant de garder le silence... Et, tenez, en voici déjà un que l'on amène.

SCÈNE V.

TRIAL, amené par des SOLDATS DU GUET; LE VICOMTE, LE MARQUIS.

TRIAL, les yeux bandés.

Messieurs!... messieurs!... quels sont vos desseins? Pourquoi m'avoir tiré du noir cachot où l'on m'avait plongé?

LE VICOMTE, à demi-voix.

C'est Trial!

LE MARQUIS, de même.

Tu crois?...

LE VICOMTE, de même.

J'en suis sûr...

TRIAL.

Où me menez-vous... est-ce à la mort?... J'aime mieux que vous me le disiez tout de suite. (A part.) O conséquences des bonnes fortunes!... C'est quelque frère... quelque mari outragé...

LE VICOMTE, à demi-voix.

Un des trois Nicolas.

LE MARQUIS, de même.

Et pourquoi venait-il la nuit dans mon hôtel?...

LE VICOMTE, de même.

Je l'ignore... Mais je vous réponds qu'il ne s'en vantera pas... Dites seulement comme moi... toujours comme moi...

LE MARQUIS, de même.

Je l'aime mieux... c'est moins difficile.

TRIAL, à part.

Les bourreaux se consultent entre eux à voix basse! (Haut.) Grâce! messieurs, grâce pour mon talent, pour ma jeunesse! Je suis un artiste distingué... un grand chanteur... J'ai fait manquer hier le spectacle... j'en conviens... par indisposition : ce n'est pas la première fois que ça m'arrive...

LE MARQUIS, à demi-voix.

C'est bon à savoir.

TRIAL.

La vérité est que j'avais une affaire indispensable.

(Le vicomte et le marquis se sont assis sur deux fauteuils, à gauche du théâtre. Sur un premier geste du vicomte, on enlève à Trial le bandeau qui lui couvre les yeux ; sur un second geste du vicomte, les soldats se retirent par la porte du fond.)

TRIO.

TRIAL, encore tout étourdi, regarde autour de lui.

Que vois-je?... où suis-je?... et quel nouveau miracle! La salle des Menus?

(Apercevant le marquis et s'inclinant.)

Monseigneur!

LE VICOMTE, sévèrement.

Votre chef!

LE MARQUIS, de même.

Oui, monsieur, votre chef.

LE VICOMTE, à Trial et d'un ton sévère.

Monsieur, je serai bref.

LE MARQUIS, de même.

Monsieur, je serai bref!

LE VICOMTE.

Vous avez fait manquer, hier soir, le spectacle!

LE MARQUIS.

Vous avez fait manquer, hier soir, le spectacle!

LE VICOMTE.
Pour vous le For-l'Évêque...

TRIAL, à part.
O fâcheux pronostic!

LE VICOMTE.
S'ouvrira quatre jours.

TRIAL, avec fatuité.
Tant pis pour le public!

LE VICOMTE.
Mais ce n'est rien encore! Hier, place Royale,
Chez mon oncle, un quidam s'est dans l'ombre introduit,
(Montrant la lettre qui est sur la table.)
Du jardinier Hubert le rapport le signale
Comme un adroit voleur, qu'en vain il poursuivit,
En brisant, sur son dos, dans son zèle loyal,
Un bâton qui sera joint au procès-verbal.

TRIAL, à part.
Aïe! aïe! aïe!

Ensemble.

TRIAL, tremblant.
Pour un lovelace,
Pour un séducteur,
Ah! quelle disgrâce
Et quel déshonneur!
Que diront les belles,
Voyant le bâton
Maltraiter les ailes
Du dieu Cupidon,
Le dos et les ailes
Du dieu Cupidon?

LE VICOMTE et LE MARQUIS, à part, en riant.
Pour un lovelace, etc.

LE VICOMTE, à Trial.
Protégé par la nuit et par l'épais feuillage,

12.

Le malfaiteur a fui, laissant sur son passage
Un chapeau fin!

TRIAL, à part.

O ciel!

LE VICOMTE.

Des gants neufs... que voici!

(Il prend sur la table le chapeau et les gants pliés comme des gants qu'on n'a pas encore mis, et s'adressant à Trial.)

Voulez-vous bien, monsieur, les essayer ici?

TRIAL, résistant.

Mais, messieurs...

LE VICOMTE, froidement.

On nous a chargés de cette enquête.

(A Trial, qui résiste toujours.)

Il le faut!

LE MARQUIS.

Il le faut!

(Le vicomte place lui-même sur la tête de Trial le chapeau, qui le coiffe à merveille.)

TRIAL, à part.

La foudre est sur ma tête!

LE VICOMTE, le complimentant froidement.

Il vous va bien!

LE MARQUIS, de même.

Très-bien!

LE VICOMTE, froidement au marquis.

C'est grave!

LE MARQUIS, de même.

C'est très-grave!

LE VICOMTE, à Trial.

Voulez-vous essayer ces gants?

TRIAL.

Mais permettez...

LE VICOMTE, gravement.

Il le faut!

LE MARQUIS, de même.

Il le faut!

TRIAL, inquiet, et, dans sa préoccupation, essayant, tout en se parlant
à lui-même et sans s'en apercevoir, le gant de la main gauche.

Ah! ces gants redoutés
Peuvent me compromettre, et, quoique l'on soit brave,
Je commence à trembler!

(S'apercevant que le gant est mis.)
Ah! grand Dieu! qu'ai-je fait?

LE VICOMTE, lui faisant compliment.

Il vous va bien!

LE MARQUIS.

Très-bien!

LE VICOMTE.

C'est au mieux!

LE MARQUIS.

C'est parfait!

TRIAL.

Écoutez-moi, messieurs!...

LE VICOMTE, froidement au marquis.

C'est grave!

LE MARQUIS, de même.

C'est très-grave!

TRIAL, à part.

Ah! de moi, c'en est fait!

Ensemble.

TRIAL.

Pour un lovelace, etc.

LE VICOMTE et LE MARQUIS.

Pour un lovelace, etc.

(Le vicomte sonne; les soldats entrent par la porte du fond, Rosette p

la porte de droite.)

SCÈNE VI.

LE VICOMTE, LE MARQUIS, TRIAL, ROSETTE, Soldats
DU GUET.

QUATUOR.

ROSETTE, au vicomte.

Ma maîtresse vient d'arriver.
(Apercevant Trial.)
O ciel! monsieur Trial!

LE VICOMTE.

Que je crois bien malade!

TRIAL, à Rosette.

Hélas! on veut, pour cause d'escalade,
Me pendre!

ROSETTE, bas à Trial.

Je suis bonne, et je viens vous sauver!
(Haut au vicomte.)
C'était pour moi, simple femme de chambre,
C'était pour moi qu'il venait hier.

LE MARQUIS et LE VICOMTE, riant.

J'entends...

TRIAL, à part.

Mensonge adroit!

ROSETTE.

Ce séducteur si fier,
Au doux parfum de musc et d'ambre,
De son anneau m'avait fait don.

TRIAL.

C'est vrai!

ROSETTE, en riant.

Je le lui rends au nom de Cupidon!

LES TROIS NICOLAS

TRIAL, stupéfait.

Ah bah!

LE VICOMTE, avec sévérité et riant sous cape.

Vouloir séduire une femme de chambre!

LE MARQUIS, même jeu.

Vouloir séduire une femme de chambre!

LE VICOMTE.

C'est grave!

LE MARQUIS.

C'est très-grave!

LE VICOMTE.

Et l'on avisera!

TRIAL.

Cet affront me tûra!

LE VICOMTE, aux soldats.

Qu'on l'emmène toujours!...

ROSETTE.

Le pendre pour cela!

LE VICOMTE, bas à Rosette.

On n'ira pas jusque-là!

Ensemble.

TRIAL.

Adieu mes conquêtes,
Missives secrètes,
Œillades coquettes,
Adieu pour toujours!
Par cette algarade
Ma gloire est malade,
Et la bastonnade
Fait fuir les amours!

LE MARQUIS, LE VICOMTE, ROSETTE.

Adieu ses conquêtes,
Missives secrètes,

Œillades coquettes,
Adieu pour toujours !
Par cette incartade,
Sa gloire est malade,
Et la bastonnade
Fait fuir les amours !

LE VICOMTE, TRIAL, LE MARQUIS, ROSETTE.

Malheureux conquérant !

LE VICOMTE.

Qu'on l'emmène à l'instant !

LE MARQUIS.

Qu'on l'emmène à l'instant !

Ensemble.

TRIAL.

Adieu mes conquêtes, etc.

LE MARQUIS, LE VICOMTE, ROSETTE.

Adieu ses conquêtes ! etc.

(Trial sort par la porte du fond, emmené par les soldats du guet ; Rosette le suit.)

SCÈNE VII.

LE VICOMTE, LE MARQUIS.

LE VICOMTE.

En voilà un qui ne parlera pas !

LE MARQUIS.

Tu avais raison... mais, pour le troisième...

LE VICOMTE.

Il en sera de même...

LE MARQUIS.

Je ne le crois pas.

LE VICOMTE, vivement.

Vous le connaissez?... et, en effet, ce séducteur dont vous me parliez... ce déguisement... ce nom de Nicolas... Vous saviez donc?...

LE MARQUIS.

Je ne savais rien!... et c'est pour savoir que je me déguisais...

LE VICOMTE.

Nous serons plus heureux, et, dès que Lachabeaussière sera de retour, ce qui ne peut tarder, dès que nous aurons chacun notre témoin...

LE MARQUIS.

Que veux-tu faire?

LE VICOMTE, allant s'asseoir sur le canapé à gauche.

Me battre avec ce monsieur!... moyen certain de le connaitre, car il ne se battra pas masqué, je le suppose!

(On frappe à la porte de droite.)

LE MARQUIS.

En attendant... il s'impatiente... entends-tu ce bruit?...

LE VICOMTE, toujours assis sur le canapé.

Vous savez bien, mon oncle, que je ne m'effraie pas du bruit... je suis musicien!

(Une pierre à laquelle est attachée une lettre est lancée par l'œil-de-bœuf de droite, et vient tomber au milieu du théâtre.)

LE MARQUIS, se baissant pour la ramasser.

Une pierre!... une lettre!...

LE VICOMTE, toujours assis.

A merveille!... voilà les relations qui s'établissent... lisez, mon oncle!

LE MARQUIS, lisant.

« Si celui qui me retient arbitrairement prisonnier est un
« grand seigneur, il commet un abus de pouvoir dont je

« demanderai justice; si c'est un confrère, un rival, un
« ennemi, c'est un fat et un lâche!... »

LE VICOMTE.

En vérité...

LE MARQUIS, continuant de lire.

« Et si je me suis trompé... s'il a du cœur... il me ren-
« dra la liberté... pour que nous puissions nous voir l'épée
« à la main... » Signé... (s'arrêtant.) O ciel!...

LE VICOMTE, toujours étendu sur le canapé.

Quel nom?

LE MARQUIS, lisant.

« *Nicolas Dalayrac.* »

LE VICOMTE.

Dalayrac... (Avec ironie.) Ce serait lui qui, la nuit dernière, se serait introduit dans votre hôtel... ce n'est pas possible... pour qui?

LE MARQUIS.

Pas pour moi... à coup sûr!

LE VICOMTE, avec explosion.

Attendez donc!... ma cousine serait-elle cette beauté qui le désespérait... et dont il voulait s'éloigner?

LE MARQUIS.

Et c'est toi qui l'as retenu...

LE VICOMTE, avec colère.

C'est vrai!

LE MARQUIS.

Et tu le vantais sans cesse à ta fiancée!...

LE VICOMTE.

C'est vrai... bien plus... je lui ai conseillé de lui écrire.

LE MARQUIS.

Il l'a fait...

LE VICOMTE.

De monter à l'escalade.

LE MARQUIS.

Il l'a fait...

LE VICOMTE, avec rage.

Et c'est moi!... moi-même qui serais cause... Non pas, je ne me laisserai pas mystifier ainsi la veille de mon mariage.

LE MARQUIS.

Et si, comme je le crains... ta cousine l'aime...

LE VICOMTE.

Elle... raison de plus! un mari complet!... rapportez-vous-en à moi... je me vengerai, je vous le jure... et de tous les deux.

LE MARQUIS.

Silence... c'est elle!

SCÈNE VIII.

HÈLÈNE, LE VICOMTE, LE MARQUIS.

HÉLÈNE.

Ah! je vous revois, mon oncle... si vous saviez combien j'étais inquiète de votre absence...

LE VICOMTE.

Des ordres supérieurs...

HÉLÈNE.

Pour le service du roi?

LE MARQUIS, embarrassé.

Oui...

HÉLÈNE.

Pour l'opéra de Fontainebleau?

LE MARQUIS.

Oui... cet opéra... (Bas, au vicomte.) qui maintenant devient impossible... qui ne sera jamais achevé, et tout est perdu.

LE VICOMTE.

Laissez donc... (Haut.) Mon oncle, malgré ses affaires... s'est hâté de revenir pour notre mariage.

LE MARQUIS, à part, avec crainte.

Elle a tressailli...

LE VICOMTE.

Car c'est demain... ma cousine... demain que l'on nous marie...

HÉLÈNE.

Je le sais...

LE VICOMTE.

Et vous y êtes toujours disposée?...

HÉLÈNE.

Toujours!... pourquoi me faites-vous cette demande? (Avec embarras.) Est-ce que de votre côté... vous auriez changé d'idée?

LE VICOMTE, avec chaleur.

Moi! jamais!

HÉLÈNE.

Eh bien! j'ai juré à vous, à mon oncle!... je ne sais pas manquer à mes serments... et vous trouverez en moi, mon cousin... l'amie fidèle et dévouée que je vous ai promise.

LE VICOMTE.

C'est bien... cousine... très-bien... je saurai reconnaître un pareil dévouement... Si vous voulez nous attendre... dans le cabinet de mon oncle... nous allons vous rejoindre... et vous faire part des arrangements que nous aurons pris pour le mariage de demain.

HÉLÈNE.

Je vous attends.

(Elle sort par la droite.)

SCÈNE IX.

LE VICOMTE, LE MARQUIS.

LE MARQUIS.

Tu l'as entendue...

LE VICOMTE.

Oui... il est maintenant évident pour moi qu'elle en aime un autre.

LE MARQUIS.

Et qu'elle y renonce pour tenir sa parole.

LE VICOMTE.

Oui!

LE MARQUIS.

Pour l'épouser...

LE VICOMTE.

Oui.

LE MARQUIS.

Et cela ne t'attendrit pas... cela ne te désarme pas?...

LE VICOMTE.

Non! voyez-vous, mon oncle, ce qu'il y a de pire au monde, et surtout à Paris... c'est le ridicule... et quand il y a un bon duel...

LE MARQUIS.

Mais si tu as le malheur... non, le bonheur de le tuer... ta cousine ne t'en aimera pas davantage, au contraire!...

LE VICOMTE.

C'est un argument!

LE MARQUIS.

Si tu as le malheur de le tuer... il ne finira pas mon opéra.

LE VICOMTE.

Autre argument.

LE MARQUIS.

Ça en fait deux.

LE VICOMTE.

Je ne peux cependant pas laisser impuni un homme qui me fait concurrence, un homme qui me fait obstacle... un homme qui ne veut pas faire votre opéra... C'est pour le coup que les rieurs seraient de son côté... et ce ne sera pas! Non, mon oncle, je vous le jure... et pour l'honneur de la famille nous aurons raison de lui, tous les deux... ma vengeance est là!

LE MARQUIS.

Laquelle?

LE VICOMTE, se frottant les mains.

Une vengeance éclatante, dont on parlera, je m'en vante! si vous me secondez...

LE MARQUIS.

Je ne demande pas mieux.

LE VICOMTE, se mettant à la table, à droite, et écrivant.

Si, comme je l'espère, (D'un air menaçant.) ma cousine elle-même m'obéit.

LE MARQUIS.

Y penses-tu?...

LE VICOMTE.

Il le faudra bien... je saurai l'y contraindre.

LE MARQUIS.

Qu'est-ce que tu fais là?

LE VICOMTE.

J'écris au prisonnier, qui ne connaît pas mon écriture, l'heure et les conditions du duel.

LE MARQUIS.

Tu nous perds !

LE VICOMTE.

Je vous sauve ! (Il va fermer la porte à gauche, dont il prend la clef.) Venez... partons... Ah! auparavant... tirons les verrous de son cachot.

(Il tire les verrous de la porte à droite et disparaît avec le marquis par la porte du fond.)

SCÈNE X.

DALAYRAC, sortant vivement de la porte à droite.

Ah! je connaîtrai donc enfin l'audacieux... l'insolent qui ose attenter ainsi à ma liberté... (Regardant autour de lui.) Personne!... (Courant à la porte du fond.) Et cette porte est fermée... (Revenant vers la porte à gauche.) Mais celle-ci... fermée aussi... (Appelant.) Monsieur... monsieur... monsieur... paraissez... paraissez!... On vous le répète... vous êtes un lâche!... et je dirai... je publierai partout que vous avez refusé de vous battre avec moi... vous!... oui, vous... (S'arrêtant.) dont je ne sais pas le nom... Ah! une lettre sur cette table... à mon adresse... « A monsieur Nicolas Dalayrac, compositeur... » Enfin, je vais donc savoir... « Monsieur... vous voulez vous battre... » Oui... à mort! « Quand on se bat, on risque d'être
« tué... c'est ce qui vous arrivera probablement, tant je
« suis sûr de moi... » Le fat! c'est ce que nous verrons. « Il
« faut donc, avant de se battre, mettre ordre à ses affaires,
« c'est-à-dire payer ses dettes... » Mais des dettes... je ne dois rien, monsieur... (Criant à voix haute.) rien à personne, entendez-vous ? (Reprenant la lettre et lisant.) « Vous devez un
« opéra, vous devez encore deux ou trois morceaux dont un

« surtout est nécessaire à la répétition de demain. Dès que
« vous l'aurez terminé, on vous donnera toutes les satis-
« factions que vous pourrez exiger... on vous le jure sur
« l'honneur. » Pas de signature !... « Post-scriptum. » Ah !
il y a un post-scriptum ! « On n'a pas de génie à jeun, et,
« dès que vous le demanderez, votre déjeuner sera servi. »
Et qui donc se permet de me railler, de me dicter ses ordres... de me contraindre?... Ah ! si jamais il s'offre à moi,
malheur à lui ! malheur !... Mais pour le connaître, il faudrait travailler... composer... c'est-à-dire lui obéir ! jamais...
jamais !... et pourtant... ma tête est en feu, mon sang bouil-
lonne... je donnerais tout au monde... pour le voir face à
face... le tenir là, l'épée à la main... n'importe à quel
prix... Ah ! cet air dont il me parle... celui que Lachabeaussière m'a remis il y a déjà huit jours... voyons, rappe-
lons-nous...

« Aussitôt que je t'aperçoi... »

Si encore... c'était un air de colère... de rage... Il me semble
que je serais inspiré... que les idées m'arriveraient, que je
ferais quelque chose d'entraînant, de chaleureux... de sublime... mille chants déchaînés et furieux se heurtent dans
ma tête... et j'entends autour de moi mon orchestre qui
gronde et qui mugit... mais cet air de l'amant d'*Azemia* ne
renferme que des idées tendres... gracieuses... du Dorat...
du Marivaux... Oui, je me le rappelle :

« Aussitôt que je t'aperçoi,
« Mon cœur bat et s'agite !
« Aussitôt que je t'aperçoi... »
(S'arrêtant.)
C'est lui... lui seul que je voudrais apercevoir !
« De m'éclairer sur ce mystère
« J'ai bien souvent prié ton père,
« Mais si tu voulais... tiens... je croi,
« J'en apprendrais plus avec toi ! »

AIR.

Efforts impuissants et frivoles !
Je ne puis rien trouver sur de telles paroles !
(Portant la main à son front.)
Je voudrais même encor chercher... je ne le peux !
Ranimée un instant par ce transport fiévreux,
Ma force tombe !... à peine... hélas ! je me soutien,
Et mes yeux affaiblis ne distinguent plus rien !
(Il tombe sur un fauteuil à droite. Une symphonie se fait entendre, une trappe s'ouvre, une table richement éclairée et servie s'élève au milieu du théâtre.)
Ah ! ma faiblesse a-t-elle égaré ma raison ?

VOIX, en dehors et se répondant par écho.

Non ! non... non... non !

DALAYRAC.

La voix qui près de moi soudain a retenti
Est-elle la voix d'un ami ?
Est-elle d'un ami ?

VOIX, dans le lointain.

Oui... oui... oui... oui...

DALAYRAC, apercevant la table.

Ah ! ce déjeuner est celui
Qu'annonçait son impertinence ;
Mais c'est une nouvelle offense !
Je ne veux rien de lui,
Non, ma vengeance en fait serment !
Plutôt mourir de faim ! plutôt...
(S'arrêtant.)
Et cependant,
Pour châtier cet excès d'insolence,
Pour se venger, pour punir tant d'affronts,
Il faut vivre, il le faut...
(Se mettant à table.)
Allons, allons, mangeons
Malgré moi !... seul moyen de donner, je l'espère,

Un nouvel aliment à ma juste colère!...

(Il mange et boit avec précipitation.)

HÉLÈNE, en dehors.

Pauvre Nicolas,
Ne perds pas courage,
Car après l'orage
Tu me reverras,
Pauvre Nicolas !

DALAYRAC, se levant vivement de table.

Dieu ! qu'entends-je ?
O surprise étrange !

HÉLÈNE et LE CHOEUR, en dehors.

Pauvre Nicolas!
Courage... courage,
Pauvre Nicolas !

DALAYRAC.

Voix céleste et chérie,
O suaves accents !
Votre douce magie
Rend le calme à mes sens !

La haine et la souffrance
S'éloignent de mon cœur,
Et la douce espérance
Succède à la fureur.

Voix céleste et chérie, etc.

(Écoutant.)
On se tait... on se tait... Voix si chère et si tendre,
Revenez ! que l'on puisse encore vous entendre !
(La porte à gauche s'ouvre : paraît une jeune fille voilée. La porte à droite s'ouvre, une autre paraît ; puis, successivement, une demi-douzaine.)

La porte s'ouvre... on vient, c'est elle !
Non ! encore une... encor... laquelle ?
Un voile épais

Couvre leurs traits.
(Une des jeunes filles s'avance et lui présente des tablettes.)
(Parlé.)
Des tablettes, lisons :
« Ne désespère pas... travaille, et la beauté
« Dont la voix te console en ta captivité,
« Plus généreuse encor, viendra par sa présence
« Accorder au talent sa juste récompense. »
Ah ! que viens-je de lire ?
Quel rêve, ou quel espoir soudain s'offre à mes yeux
Et porte en mon cerveau... le trouble et le délire !
(L'orchestre exprime le travail de sa pensée et fait entendre en sourdine le motif de l'air d'*Azémia* qui se développe peu à peu.)

Oui... oui... c'est l'amour qui m'inspire !
Oui... voilà ce chant... ce motif
Que je cherchais en vain ! pur... ardent... et naïf !
(Les jeunes filles pendant qu'il compose, ont jeté leur voile et forment des groupes autour de lui, pendant qu'en dehors on entend le chœur avec accompagnement de harpe.)

LE CHŒUR, en dehors.
O Dieu des arts! toi qu'il implore,
A ses efforts souris encore ;
Inspire à son luth gracieux
Les chants qui descendent des cieux !

DALAYRAC, vocalisant sur l'air d'*Azémia*.
La, la, la, la, la, la,
La, la, la, la, la, la !
(Avec exaltation et sur l'air même d'*Azémia*.)
Oui, Dieu des arts, toi que j'implore,
A mes vœux tu souris encore !
(Composant.)
J'y suis... j'y suis... le voilà
Ce chant qui doit charmer Azémia!
(Chantant l'air d'*Azémia* qu'il tient à la main.)
« Oui, si tu voulais...
« Oui, si tu voulais...
« Oui, si tu voulais... tiens, je croi,

13.

« J'en apprendrais plus avec toi,
« J'en apprendrais plus avec toi ! »

LE CHOEUR, en dehors.

Bravo,
Maestro !

(Au moment de l'entrée d'Hélène, les danseuses sortent.)

SCÈNE XI.

DALAYRAC, HÉLÈNE, entrant par la porte du fond et s'avançant vers Dalayrac.

FINALE.

HÉLÈNE.

Oui, le voilà, ce chant digne de toi !

DALAYRAC, poussant un cri de joie.

Hélène !

HÉLÈNE.

Et qu'à l'instant on retient malgré soi.
« Aussitôt que je t'aperçoi...

DALAYRAC.

« Mon cœur bat et s'agite...

HÉLÈNE.

« Sitôt que je suis près de toi...

DALAYRAC.

« Il bat encor plus vite !

HÉLÈNE.

« Et frémissant d'un doux émoi,
« Je tremble et je ne sais pourquoi !

DALAYRAC.

« Je tremble et je ne sais pourquoi
« Le Dieu des arts me cache encore
« Des secrets que ma lyre ignore...

(A Hélène.)
« Mais si tu voulais... tiens... je croi,
« J'en apprendrais plus avec toi ! »

Ensemble.

DALAYRAC.

Plus de souffrance,
Plus de vengeance,
Devant l'espérance
Le malheur a fui !
Non, plus de peine,
Atteinte vaine !
Près de mon Hélène
Le bonheur a lui !

HÉLÈNE.

Plus de souffrance,
Plus de vengeance,
Devant l'espérance
Le malheur a fui !
Non, plus de peine,
Atteinte vaine !
Près de son Hélène
Le bonheur a lui !

DALAYRAC.

L'amour m'enivre.

HÉLÈNE.

Aimer, c'est vivre.

Ensemble.

DALAYRAC.

Plus de souffrance, etc.

HÉLÈNE.

Plus de souffrance, etc.

SCÈNE XII.

DALAYRAC, HÉLÈNE, TROIS HOMMES MASQUÉS EN DOMINOS NOIRS, SEIGNEURS, DAMES DE LA COUR, GARDES DU CORPS.

(La porte du fond s'ouvre. Trois hommes masqués s'avancent lentement vers Dalayrac.)

LES TROIS HOMMES à Dalayrac.
Hélène est à vous !

HÉLÈNE, souriant et tendant la main à Dalayrac, immobile d'étonnement.
Hélène est à vous.

DALAYRAC ; parlé.
Qu'entends-je !

LE MARQUIS, tirant de dessous son domino deux épées qu'il présente à Dalayrac.
Et maintenant...

DALAYRAC, étonné.
Qu'est-ce donc ?

LE MARQUIS et LACHABEAUSSIÈRE.
Battez-vous !

LE VICOMTE, ôtant son masque.
Oui, battons-nous !

DALAYRAC, au vicomte.
Moi ! tourner contre vous une main déloyale,
Lorsque je trouve en vous...

LE VICOMTE.
Un cousin, un ami.

DALAYRAC.
Et cet ami...

LE VICOMTE, reprenant le motif du premier acte.
Ma foi, tant pis pour lui,

Ce cher ami,
Ce tendre ami,
Tant pis, tant pis pour lui !
(Au marquis.)
Hein ! quand je vous disais
Que je me vengerais !
Vengeance en mon genre, oui, vengeance musicale !

LE CHOEUR.

Honneur à la musique
Qui triomphe en ce jour !
Sa puissance magique
A couronné l'amour !

N. B. Dans les théâtres qui n'ont pas de corps de ballet, supprimer la scène 1re du IIIe acte ; à la scène X du même acte, après la reprise de la cavatine :

Voix céleste et chérie,
O suaves accents !

au lieu de l'entrée des danseuses, une seconde lettre est lancée par l'œil-de-bœuf, à droite ; Dalayrac ramasse la lettre, et lit :

Ne désespère pas... travaille et la beauté
Dont la voix te console en ta captivité, etc.

LES
PETITS VIOLONS DU ROI

OPÉRA-COMIQUE EN TROIS ACTES

En société avec M. H. Boisseaux

MUSIQUE DE L. DEFFÈS.

THÉATRE LYRIQUE. — 30 Septembre 1859.

PERSONNAGES. ACTEURS.

ODODÉI, majordome et factotum du cardinal Mazarin. MM. WARTEL.
BÉCHAMEL.................... GABRIEL.
PHILIPPE BEAUVAIS............. FROMANT.
LE COMMISSAIRE................ LEROY.

M⁽ᵐᵉ⁾ BEAUVAIS, première femme de chambre de la
    reine Anne d'Autriche............... M⁽ᵐᵉˢ⁾ FAIVRE.
HORTENSE, sa nièce................ M. FAIVRE.
LULLI,   GIRARD.
RISOTTO, } Patronnets chez Béchamel... } CÉLAT.
VOL-AU-VENT, }   C. VADÉ.

MARMITONS. — VOISINS. — PEUPLE. — SUIVANTES. — SOLDATS DU GUET, etc.

Au restaurant de Béchamel au premier acte; à l'hôtel de Beauvais aux deuxième et troisième actes.

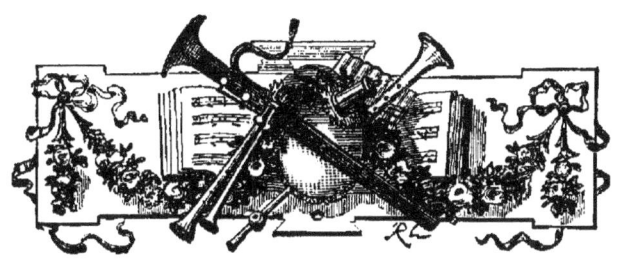

LES
PETITS VIOLONS DU ROI

ACTE PREMIER.

Le devant du restaurant de Béchamel, à *la Pomme de Pin*. — Des bancs de pierre, des tables entourées de treilles. — Au fond, le boulevard du Temple.

SCÈNE PREMIÈRE.

RISOTTO, VOL-AU-VENT, BÉCHAMEL inspectant LES PETITS PATRONNETS qui préparent un dîner.

INTRODUCTION.

BÉCHAMEL, RISOTTO et VOL-AU-VENT.
Pour tenir en joie
Nos heureux chalands,
Que chacun déploie
Ses jolis talents!

LE CHŒUR.

Faisons tous en sorte
Que de notre porte
Nul gourmet ne sorte
Sans dire en chemin :
Honneur au grand homme,
Que Paris renomme
Et qui tient la pomme,
La Pomme de Pin!

BÉCHAMEL.

Je sors...

(A Risotto.)

Traite bien cette abaisse!...
Pour un menu...

(A un autre.)

Plus mijoté...

(A Vol-au-Vent.)

Trop de chaleur!...

(Aux autres.)

Adieu! seuls je vous laisse.

(Continuant son inspection.)

Fais revenir! sauté! sauté!

LE CHŒUR.

Pour tenir en joie, etc.

(Pendant cette reprise Béchamel s'habille et sort.)

SCÈNE II.

LES MÊMES, excepté Béchamel.

VOL-AU-VENT.

Il est bien loin !

RISOTTO.

Qu'il aille où le diable l'envoie!

VOL-AU-VENT.
Et maintenant, vive la joie!
(Tous les patronnets quittent leur besogne et se mettent à danser en rond autour de la table.)

RONDE.

AIR : *Sur le pont d'Avignon.*

Quand les chats
N'y sont pas,
Des rats
La danse
Commence,
Quand les chats
N'y sont pas,
Les rats
Prennent leurs ébats!

(Tumulte et cris. — Lulli paraît.)

SCÈNE III.

LES MÊMES; LULLI.

TOUS.
C'est Lulli!

LULLI.
Nouvelle folie,
Au lieu d'étudier!...

TOUS.
Merci!
Plus de travail! non, non!

LULLI.
Ainsi
Vous oubliez le pacte qui nous lie?...

TOUS, se moquant de lui.
A la tribune !...

LULLI.
M'y voici.
(Il grimpe sur la table et de là les harangue.)

AIR.

Vous étiez des drôles fort tristes,
La honte et l'effroi du quartier !...

TOUS.
C'est vrai !

LULLI.
Je vous ai fait artistes !...

TOUS.
C'est vrai !

LULLI.
Quel plus noble métier !
A vous la gloire
Et le talent,
(Riant et montrant son bonnet de coton.)
Si vous suivez mon panache blanc !...

TOUS.
A nous la gloire
Et le talent
Si nous suivons son panache blanc !...

LULLI.
Osez me croire,
Ce qui vous donnera
Fortune, honneur, et cætera,

Oui, c'est la musique
L'art doux et magique
Qui, si l'on pratique

Ses doctes leçons,
Nous livre à la ronde
L'empire du monde
Dont la voix profonde
Redit nos chansons.

TOUS.

Oui, c'est la musique, etc.

LULLI, continuant avec chaleur.

Ainsi qu'en un rêve,
Déjà je crois voir
La place où m'élève
Mon ardent espoir ;
L'orgueil et l'idole
D'un peuple jaloux,
Comme au Capitole
Je monte avec vous !
Dames et marquises
A nos chants vainqueurs
Doucement surprises
Entr'ouvrent leurs cœurs !
Et le roi de France,
J'en ai l'espérance,
Peut-être demain
Nous tendra la main !

TOUS.

Oui le roi de France
Nous tendra la main !

Ensemble.

LULLI.

Ah ! c'est la musique, etc.

LE CHOEUR.

Oui, c'est la musique, etc.
(Enthousiasme, acclamations à la fin de l'air.)

LULLI.

Et maintenant, aux armes!...

TOUS.

Aux armes!...

(Ils vont chercher leurs violons.)

LULLI.

Et répétons notre belle symphonie! y sommes-nous?...

TOUS.

Oui!

LULLI.

Attention au commandement! une, deux, trois...
(Il bat la mesure. — Répétition de la symphonie que Lulli dirige.)

RISOTTO.

Voici le maître qui revient!...

TOUS.

En place!

(Ils placent leurs violons et reprennent leurs casseroles.)

LE CHŒUR.

Faisons tous en sorte, etc.

SCÈNE IV.

BÉCHAMEL, LULLI, RISOTTO, VOL-AU-VENT, PATRONNETS.

BÉCHAMEL, entre d'un air soucieux et tout en ôtant son chapeau et son habit, tout en reprenant sa veste et son bonnet de coton, il débite le monologue suivant.

Je croyais, par la sauce qui porte mon nom et que j'ai inventée, la sauce Béchamel, m'être fait une réputation artistique, et dans tous les menus qu'on me commande...

(Tirant un papier de sa poche.) tout à l'heure encore, chez M. le duc de Brézé... on place toujours en première ligne, les deux mets italiens inventés ou exportés par ce lazzarone de Lulli. Le soufflé au parmesan et le sorbet au melon!... C'est humiliant pour moi, pour la cuisine française... et plus j'y pense... pourquoi jusqu'à présent, à moi son professeur et son maître, le petit drôle n'a-t-il pas voulu me livrer son secret que je finirai par connaître?... Serait-ce un serpent que j'ai réchauffé au feu de ma cuisine!... Voudrait-il me faire concurrence un jour... et élever fourneaux contre fourneaux?... Ah! si, comme le disait l'autre jour monseigneur le cardinal, il y a des soucis sous la couronne... (Mettant son bonnet.) il y en a aussi sous le bonnet de coton.

LULLI, à ses camarades.

A quoi rêve-t-il donc ainsi?

RISOTTO.

A quelque sauce nouvelle!...

VOL-AU-VENT.

L'ambition l'empêche de dormir!...

BÉCHAMEL, passant sa main sur son front.

Allons, revenons aux affaires... Rentrons dans ma cuisin et voyons si j'ai été compris. (A Risotto.) Ta tourte aux pigeonneaux?...

RISOTTO, apportant la tourte.

Voilà, m'sieu.

BÉCHAMEL.

Horreur! c'est du carton que tu m'apportes là!... je t'avais dit de faire mijoter... Tu n'as donc pas fait mijoter?...

RISOTTO.

Mais si, m'sieu.

BÉCHAMEL.

Tu es un petit misérable! (A Vol-au-Vent.) Ton soufflé?...

VOL-AU-VENT.

Voilà, m'sieu...

BÉCHAMEL.

Profanation! un soufflé en pierre de taille!... (A Lulli.) Ta crème?

LULLI.

Voilà, m'sieu.

BÉCHAMEL.

Tournée! ma tête va faire comme elle... tout mon menu perdu! C'était si beau de plaire!... Mais vous êtes donc des brutes?... Ou plutôt, c'est une conspiration ourdie contre moi et contre l'honneur de ma maison.

LES PATRONNETS.

Monsieur Béchamel!

BÉCHAMEL.

Allez vous-en, je ferais un malheur!... (A Lulli, Risotto et Vol-au-Vent.) Restez, vous autres.

(Les autres patronnets se sauvent.)

LULLI, à part.

Gare à l'explication!...

SCÈNE V.

BÉCHAMEL, LULLI, RISOTTO, VOL-AU-VENT.

BÉCHAMEL, sévèrement.

Dans tout ceci, il y a un chef, et je veux le connaître.

LULLI.

C'est moi...

RISOTTO.

C'est moi...

VOL-AU-VENT.

C'est moi...

BÉCHAMEL.

Tu quoque! Vol-au-Vent!... toi qui représentes ici la cuisine française, tu trahis ton pays!...

LULLI.

Tenez, monsou Béssamel, ne sercez pas piou longtemps, le coupable, c'est moi!

BÉCHAMEL.

Je m'en doutais, ce coup ne pouvait me venir que de toi... un ingrat que j'ai recueilli ici par charité.

LULLI.

Mon ser monsou Bessamel, c'est vous qui êtes ingrat de me parler ainsi; c'est vrai que ze n'étais pas cousu d'or quand vi m'avez rencontré dans la rue, ma nous sommes quittes ze crois, grâce aux deux belles recettes de cuisine que ze vous ai apportées et que moi seul peux exécuter.

BÉCHAMEL, à part.

C'est ce que nous verrons.

LULLI.

Recettes qui ont fait la réputation et la fortune de votre maison; le soufflé au Parmesan!... le sorbet au melon! et même que l'autre jour monsou de Scudéry... qui en avait mangé, a failli trépasser... ce qui aurait été bien flatteur pour un établissement comme le vôtre; un poëte qui meurt d'indigestion, ça ne se voit pas tous les zours.

BÉCHAMEL.

Mon Dieu, je ne nie pas que tu possèdes quelques talents, seulement tu y joins un défaut qui t'empêchera toujours de devenir un homme de génie, comme moi, je dis même un artiste ordinaire.

IV. — XVIII. 14

LULLI.

Un défaut! et lequel?...

BÉCHAMEL.

La musique. Tu passes ton temps à gratter de la mandoline, à râcler du violon... une vilaine distraction pour toi et pour ceux qui t'écoutent.

LULLI.

Mon bon monsou Bessamel, vi savez bien que z'y ai renoncé.

BÉCHAMEL.

Bien vrai?... Qu'est-ce donc que ce bruit désagréable que j'ai entendu la nuit dernière!...

LULLI, à part.

Un bruit désagréable... le son de mon violon! (Haut.) Vi vi serez trompé, c'était sans doute un rêve...

BÉCHAMEL.

Un mauvais rêve!... Enfin, petit, si tu persistes dans tes dérèglements, je serai forcé de te mettre à la porte.

LULLI.

Che basta!...

BÉCHAMEL.

Tu dis?...

LULLI.

Je dis quel sagrin z'aurais là!

BÉCHAMEL.

Bref, te voilà prévenu, je te pardonne encore; mais qu'on n'y revienne plus!

LULLI.

Oh! non!...

BÉCHAMEL.

C'est bien! laissez-moi seul, allez à vos fourneaux!...

SCÈNE VI.

BÉCHAMEL seul, puis Mme BEAUVAIS.

BÉCHAMEL, regardant Lulli sortir.

Oui... le jour où j'aurai découvert ton secret... le jour où j'en serai maître, avec quel plaisir je te donnerai ton compte!... car je voudrais me le cacher en vain, je suis jaloux... jaloux de cet obscur marmiton! C'est plus fort que moi... Que voulez-vous, c'est ainsi dans les arts!... On n'aurait pas de génie sans cela!... Une voiture qui s'arrête à ma porte?... Quelque client sans doute, une femme, une grande dame? non, une simple grisette.

Mme BEAUVAIS.

C'est bien ici la taverne de la *Pomme de Pin?*...

BÉCHAMEL, d'un air dédaigneux.

Oui, mademoiselle! Qu'y a-t-il pour votre service?

Mme BEAUVAIS.

Je voudrais pour ce soir un souper...

BÉCHAMEL, d'un air malin.

Je comprends!... repas pour deux personnes.

Mme BEAUVAIS.

Pour cent cinquante personnes!...

BÉCHAMEL.

O ciel!...

Mme BEAUVAIS.

A six livres tournois par tête.

BÉCHAMEL, lui avançant une chaise.

Donnez-vous donc la peine de vous asseoir!...

Mme BEAUVAIS.

C'est inutile... et demain un déjeuner...

BÉCHAMEL.

Également pour cent cinquante?...

Mme BEAUVAIS.

Non, pour trois personnes seulement, à vingt pistoles par tête.

BÉCHAMEL.

Diable!... trois grands personnages... (Geste d'impatience de madame Beauvais.) Je veux dire trois grands mangeurs!...

Mme BEAUVAIS.

A cet effet, vous vous transporterez dès ce soir... vous et vos gens...

BÉCHAMEL.

J'entends!... avec armes et bagages; où cela?

Mme BEAUVAIS.

Rue Guénégaud, à l'hôtel Beauvais!...

BÉCHAMEL.

Chez madame Beauvais, la femme de chambre de la reine mère! la femme de chambre de la régente Anne d'Autriche?

Mme BEAUVAIS.

Précisément!

BÉCHAMEL.

Quel honneur pour moi!... surtout si ce que l'on dit est vrai!...

Mme BEAUVAIS.

Et que dit-on?...

BÉCHAMEL, à demi-voix.

On dit que notre jeune monarque, Louis quatorzième du nom, vient à peine d'atteindre sa seizième année et que déjà ce grand roi... quel grand roi!... et quel espoir pour la suite de son règne!...

Mme BEAUVAIS, avec impatience.

Eh bien?

BÉCHAMEL.

Eh bien! on dit qu'il est déjà amoureux de toutes les femmes... sans compter la femme de chambre de sa mère!...

Mme BEAUVAIS, avec colère.

Monsieur Béchamel!...

BÉCHAMEL.

Eh bien!... en la comptant...

Mme BEAUVAIS.

Vous êtes un sot et un bavard... malheur à vous si vous répétez ou laissez répéter chez vous de tels propos!... On ne doit ici ouvrir la bouche...

BÉCHAMEL, s'inclinant.

Que pour manger... c'est juste!... Nous disons, ce soir cent cinquante personnes.

Mme BEAUVAIS.

On s'en rapporte à vous, pour le repas; tâchez seulement de vous distinguer...

BÉCHAMEL.

C'est impossible... je suis toujours sublime... Quant au menu de demain...

Mme BEAUVAIS.

Nous allons le régler ensemble... et d'abord on tient expressément à un soufflé au parmesan et à des sorbets au melon!...

14.

BÉCHAMEL, à part, avec indignation.

Encore! que disais-je!... (Haut, à madame Beauvais.) Si vous voulez prendre la peine de passer au salon, (La conduisant vers le fond.) je cours vous y rejoindre avec plume, encre et papier.

(Madame Beauvais disparaît par le fond à gauche, et Béchamel se dirige vers un petit buffet à droite sur le devant du théâtre.)

SCÈNE VII.

BÉCHAMEL, seul.

Toujours ces deux mets italiens!... quel affront pour moi!... affront qu'il faut bien digérer... jusqu'au moment... (Il retire du buffet un encrier et du papier... puis le violon de Lulli.) Que vois-je?... profanation... cet instrument parmi les miens!... A qui appartient cet objet?

(Lulli paraît et pousse un cri en voyant son violon entre les mains de Béchamel.)

SCÈNE VIII.

BÉCHAMEL, LULLI.

LULLI.

Mon violon!...

BÉCHAMEL, avec colère.

C'est à toi!... c'est ainsi que tu emploies un temps qui m'est dû?

LULLI.

Eh bien, oui!... musicien avant tout!

BÉCHAMEL.

S'occuper de musique quand on a l'honneur d'être cuisinier!...

LULLI.

Ah! vi ne savez pas ce que c'est qu'une vocation d'artiste!

BÉCHAMEL.

Comment, je ne sais pas?... c'est moi qui suis artiste... et toi tu n'es qu'un ménétrier.

LULLI.

Ménétrier!... c'en est trop! vi n'êtes qu'un gargotier!

BÉCHAMEL.

Gargotier!... il m'insulte!... voilà pour te punir!...
(Il brise le violon de Lulli.)

LULLI, se jetant sur lui.

Ah! misérable!...

BÉCHAMEL, se mettant en défense.

Arrière! tu as osé lever la main sur moi! je te chasse, entends-tu, je te chasse!...
(Il sort par le fond en emportant avec lui l'encrier et le papier.)

SCÈNE IX.

LULLI, seul.

Cher compagnon de ma misère,
C'est mon cœur qu'avec toi ce méchant a brisé;
Rêve que l'avenir me promettait naguère,
Désormais tu m'es refusé,
Et me voilà seul sur la terre!

ROMANCE.

Premier couplet.

Quand le refrain vif et clair
De ta chanson folle

Comme un oiseau qui s'envole
S'élançait dans l'air,
La mienne agitant son aile,
Là-haut montait avec elle.
Ton ami triste et confus
Ne sautera plus,
Oimé!
Ze ne sauterai plus!

Deuxième couplet.

Quand résonnait ta gaîté,
Plus franche et plus douce
Que n'est sur un lit de mousse
Le soleil d'été!...
Ze n'avais plus d'autre envie
Que de rire de la vie!
Ah! sans toi, triste et confus
Ze ne rirai plus,
Oimé!
Ze ne rirai plus!

Oh! ce méçant Bessamel, comme je le battrais... si j'étais le piou fort... ma, je ne le souis pas et, dans mon chagrin, je n'ai piou qu'à me zeter à l'eau... ce qui est bien triste pour un mousicien!... N'importe!... j'y vais de ce pas!

(Fausse sortie.)

SCÈNE X.

LULLI, PHILIPPE, qui entre rapidement et en désordre.

PHILIPPE, à demi-voix.

C'est ma dernière ressource!... lui écrire mes adieux et me faire sauter la cervelle!... (Haut.) Garçon, un cabinet?...

LULLI.

C'est à moi que vous parlez?...

PHILIPPE.

Eh! à qui donc?...

LULLI.

Pardon, mon beau seigneur, mais ze ne souis piou de la maison, ze m'en vais...

PHILIPPE.

Tu t'en vas?

LULLI.

Ze vais me tuer!...

PHILIPPE.

Tiens!... moi aussi.

DUO.

LULLI.

Vous tuer?...

PHILIPPE.

Vous tuer?... un enfant!

LULLI, le regardant.

Moins qu'un homme!

PHILIPPE.

Vous n'avez pas vécu!

LULLI.

Mais j'ai beaucoup souffert!...

PHILIPPE.

C'est comme moi, l'existence m'assomme...

LULLI.

Pour moi la vie est un désert.

PHILIPPE et LULLI, très-gaiement.

Même sort nous rassemble,
Ah! vraiment
C'est charmant!

De ce pas allons ensemble
Nous tuer gaîment !...

LULLI.

Marchons !...

PHILIPPE.

Un mot... apprenez-moi, de grâce,
Le motif...

LULLI.

Volontiers, j'avais un violon,
Un instrument plus beau que celoui d'Apollon,
Il est brisé !...

PHILIPPE, riant.

C'est ce qui vous tracasse !...
Un violon, ça se remplace.
Ah ! ah ! ah ! ah ! mourir pour ça !...
La bonne histoire que voilà !

Ensemble.

LULLI, fâché.

Quitter la vie
Est mon envie,
Bon ou chétif
J'ai mon motif ;
Que vous importe !
Mon désespoir
En son pouvoir
N'a qu'une porte !...
Bref ! je sens tant de chagrin là,
Que je veux mourir... et voilà !

PHILIPPE.

Plaisante envie,
Quitter la vie
Pour un motif
Aussi chétif !...
Pour qu'on en sorte
Il faut avoir

En son pouvoir
Raison plus forte!
Ah! ah! ah! ah! mourir pour ça!...
La bonne histoire que voilà!

LULLI.

A votre tour, confiez-moi, de grâce,
Le motif...

PHILIPPE.

Volontiers. J'aimais d'ardent amour
Une femme, ou plutôt un ange... dans ce jour
On la marie...

LULLI, riant.

Eh quoi! ça vous tracasse!
Ah! ah! ah! ah! mourir pour ça!...
Une femme, ça se remplace...

PHILIPPE.

Monsieur, monsieur!...

LULLI.

Ah! ah! ah! ah!

Ensemble.

LULLI.

Plaisante envie, etc.

PHILIPPE.

Quitter la vie, etc.

LULLI.

Bref, dans mon projet je persiste!...

PHILIPPE.

Vous êtes fou, je ne dois pas
Vous laisser courir au trépas!

LULLI.

J'y cours.

PHILIPPE, l'arrêtant.
Pardonnez si j'insiste...
Un violon, est-ce bien cher?

LULLI, soupirant.
Hélas! oui, deux louis!

PHILIPPE, les lui donnant.
C'est tout ce qui me reste!
Prenez-les!...

LULLI.
Vrai?

PHILIPPE.
Bien vrai.

LULLI.
Je rêve, c'est fort clair!...

PHILIPPE.
Mais non...

LULLI.
Alors piou de prozet founeste!

PHILIPPE.
Ainsi j'ai donc fait un heureux!

LULLI.
Per Dio! vis en aurez fait deux!...

PHILIPPE.
Deux?...

LULLI.
Votre sarmante maîtresse,
Je vous la rends! à vous je m'intéresse.

PHILIPPE.
Me la rendre! par quel moyen?
Dites, parlez!

LULLI.
Je n'en sais rien.

Mais prenez espoir et courage ;
Unis pour combattre l'orage,
Tous deux en nous tenant la main
Suivons gaîment notre chemin.

PHILIPPE et LULLI.

Oui, bataille ! bataille !
Et d'estoc et de taille !
Du destin je me raille
Et je marche en avant,
En avant !

Braver le péril gaîment
Le détourne bien souvent ;
D'où vienne et souffle le vent,
Marchons toujours, toujours en avant,
En avant, en avant !

Oui, bataille ! bataille, etc.

Nouveaux amis que Dieu rassemble,
Au lieu d'aller mourir ensemble,
Vivons, unis par l'amitié !
Chagrin, plaisir, mettons tout de moitié !

Oui, bataille ! bataille, etc.

LULLI.

Mon bon ami, mon ser ami !... A propos, comment te nomme-t-on ?

PHILIPPE.

Philippe Beauvais... et toi ?

LULLI.

Jean-Baptiste Lulli.

PHILIPPE.

Français ?

LULLI.

Non, de Florence, un beau pays, tout en fleurs, comme son nom, puis quelle mousique là-bas !... si belle, que j'ai voulu la révéler à tes ânes de compatriotes, je souis parti à pied, le sac sur le dos... et rien dedans... ma, j'étais risse d'espérance, car tel que tu me vois, je souis un grand homme.

PHILIPPE, le regardant.

Grand! tu as encore un peu de chemin à faire.

LULLI.

Je le ferai, tu verras, j'ai dou zénie, ce qui n'est pas oune raison pour réoussir en France; ma j'ai en outre de l'esprit, de l'adresse et une volonté de fer; ma c'est trop te parler de moi; à ton tour, camarade, et conte-moi ton histoire.

PHILIPPE.

Je te l'ai dite en trois mots! je suis amoureux; (Avec un soupir.) tu sais ce que c'est!

LULLI.

Pas encor... amoureux de qui?

PHILIPPE.

De ma cousine Hortense, tout enfants nous faisions des projets de mariage... et voici, qu'au moment de les exécuter, on ne veut plus.

LULLI.

Qui ça?...

PHILIPPE.

Ma tante, madame Beauvais... Mon cher, quel caractère!

LULLI.

Une vieille dévote affreuse...

PHILIPPE.

Du tout, charmante et jeune encore!...

LULLI.

Tant pis; tu n'as pas même l'espoir d'hériter d'elle!

PHILIPPE.

Figure-toi que ma tante, ma propre tante ne me trouve pas, pour elle, d'assez bonne famille!...

LULLI.

Eh! per Baccho!... d'où sort-elle donc?...

PHILIPPE.

Des piliers des halles, où son père était marchand de draps!... Madame Beauvais, d'abord couturière de la reine et plus tard sa femme de chambre, est arrivée dans ces derniers temps à un degré de faveur tel que la tête lui en a tourné! Elle ne rêve que grandeurs et titres, et comme on lui oppose toujours sa famille, elle veut nous élever malgré nous, aussi haut que possible. Elle a voulu me marier à une marquise douairière, j'ai refusé... Elle veut marier ma cousine Hortense à un vieux duc!... J'ai menacé de tuer mon rival et, pour m'en empêcher... elle prétend me faire jeter à la Bastille...

LULLI.

Ça loui sera impossible.

PHILIPPE.

C'est déjà fait... la lettre de cachet est obtenue et doit lui être délivrée aujourd'hui. Elle a un crédit qu'on ne s'explique pas. Tu vois ma position : Hortense mariée à un autre, moi jeté en prison... autant mourir tout de suite! e j'y allais!...

LULLI.

Tou allais faire ounc bêtise... et moi aussi.

PHILIPPE.

Quand on est sans ressources...

LULLI.

Il y en a toujours avec l'audace, et surtout le hasard!... aussi je compte sur lui!...

PHILIPPE, qui a regardé dans le fond.

Que vois-je? ma tante ici... sous un costume de grisette!... et causant avec un monsieur que je ne connais pas!...

LULLI.

Le hasard dont ze te parlais... il vient à nous... tâchons d'en profiter.

PHILIPPE.

Qui peut sous ce déguisement l'amener au cabaret?

LULLI.

Ze le saurai... mais qu'elle ne te voie pas.

PHILIPPE.

C'est juste.

(Ils disparaissent tous deux par la droite.)

SCÈNE XI.

Mme BEAUVAIS, ODODÉI, descendant du fond du théâtre; puis LULLI.

ODODÉI.

Vi voilà, ma sère madame Beauvais, la première au rendez-vous!...

Mme BEAUVAIS.

Oui, sous prétexte de commander un souper pour mon bal de ce soir... et sous ce costume...

ODODÉI.

Qui vous rend piou charmante, si c'est possible!

Mme BEAUVAIS, riant.

Et vous, plus je vous regarde... qui reconnaîtrait sous cette défroque l'âme damnée du cardinal, le signor Ododéi?

ODODÉI, effrayé.

Zitto ! Zitto !...

Mme BEAUVAIS.

Enfin que voulez-vous ?... et quel est le but de cette mystérieuse entrevue demandée avec tant d'instance ?

ODODÉI.

Peut-on parler sans crainte ?

Mme BEAUVAIS.

Ici plus que partout ailleurs... on ne verra en nous que deux bons bourgeois.

ODODÉI.

Qui viennent se rafraîchir. (Appelant.) Garçon, de la bière et des échaudés !

LULLI, paraissant.

Voilà, monsieur. (A part.) Quoique je ne sois plus de la maison... c'est égal.

(Il pose sur la table un panier d'échaudés et deux verres. Il débouche une bouteille et reste debout près d'eux.)

Mme BEAUVAIS, le regardant.

Qu'est-ce que vous faites là ?

LULLI.

Je reste pour vous servir !

Mme BEAUVAIS.

C'est inutile !

LULLI.

Alors, je m'en vas. (A part.) Je m'en vas... me blottir derrière la charmille.

(Il disparaît; madame Beauvais et Ododéi restent assis tous deux sous la tonnelle à droite.)

Mme BEAUVAIS, à Ododéi.

Parlez ; j'écoute !...

ODODÉI.

Je vais parler francement. (Après une pause.) Chez le cardinal de Mazarin, mon maître, on s'est un peu inquiété des galanteries du jeune roi à votre égard !

Mme BEAUVAIS.

Amour platonique.

ODODÉI.

Je le veux bien... mais à tort ou à raison, la reine mère alarmée a dû vous signifier votre congé.

Mme BEAUVAIS.

Une injustice !...

ODODÉI.

Que je déplore d'autant piou que le roi est tout à fait guéri de cet amour.

Mme BEAUVAIS.

Vous croyez ?...

ODODÉI.

Mais pourtant les égards qu'il vous témoigne, les visites qu'il vous rend, et qu'on croit danzereuses.....

Mme BEAUVAIS.

Dangereuses, pourquoi ?

ODODÉI.

Eh ! l'exemple.

Mme BEAUVAIS.

L'exemple, il est superbe, un roi tendre et fidèle...

ODODÉI, avec une légère impatience.

Ma que vi savez bien ce que ze veux vi dire !

Mme BEAUVAIS.

Nullement.

ODODÉI.

Alors, ze vais parler francement : zadis femme de chambre et confidente de la reine, vis avez dans vos mains toute sa correspondance et celle du cardinal.

Mme BEAUVAIS.

J'ai tout rendu.

ODODÉI.

Non pas!...

Mme BEAUVAIS.

Ou tout brûlé.

ODODÉI.

Excepté deux ou trois lettres intimes adressées à vous-même...

Mme BEAUVAIS.

Oh! celles-là je les garde comme un précieux souvenir!

ODODÉI.

On ne trouve pas cela convenable.

Mme BEAUVAIS, ironiquement.

On craint que je ne les montre au jeune roi... cette méfiance!...

ODODÉI.

On ne se méfie pas, ma on désirerait les ravoir... et c'est moi qu'on a sargé...

Mme BEAUVAIS.

De cette négociation, vous promettant sans doute, en cas de réussite, une récompense...

ODODÉI.

Dont vi n'aurez pas la cruauté de me priver, d'autant qu'à défaut d'arrangement, on emploierait des moyens...

Mme BEAUVAIS, se levant.

Violents!... Jour de Dieu! qu'on essaie! si l'on mettait la main sur moi, il y aurait du bruit en haut lieu!

ODODÉI, effrayé.

Di calme ! je vi zoure que nous n'avons que des intentions caressantes. Toutes les petites douceurs que vi demandiez vis ont été accordées... tenez cette lettre de casset contre le zeune Philippe, votre neveu, la voici.

Mme BEAUVAIS.

Donnez ! (Prenant la lettre de cachet et la regardant.) Ce n'est pas en règle... il y manque le sceau de la grande chancellerie.

ODODÉI, reprenant la lettre.

Il y sera apposé dans une heure. Vi voyez que nous sommes des amis et qu'en cette qualité vi pouvez me rendre ces lettres.

Mme BEAUVAIS.

Trois pour une ! j'y perdrais... Voici mes conditions.

LULLI, caché, à part.

Quelle intrigante !...

Mme BEAUVAIS.

Hein ?...

ODODÉI.

Ze ne dis mot.

Mme BEAUVAIS.

Primo. La place que j'occupais près de la reine, me sera rendue.

ODODÉI.

Diavolo ! ça sera bien désagréable à Sa Majesté.

Mme BEAUVAIS.

Je n'exige pas que ça lui fasse plaisir.

ODODÉI.

Enfin on avisera.

Mme BEAUVAIS.

Secundo...

ODODÉI.

Basta, basta !

Mme BEAUVAIS.

J'exige, et sans retard, des lettres de noblesse avec le titre de baronne que j'ai vainement sollicités.

ODODÉI.

Oh !

Mme BEAUVAIS.

Ça vous étonne?

ODODÉI.

Non, sère amie, je trouve que vi les avez bien gagnés, ma on obzectera votre famille.

Mme BEAUVAIS.

Ils étaient trois dans l'arche, je ne sais pas duquel je descends... Tertio...

ODODÉI.

Basta ! basta !

Mme BEAUVAIS.

Comme un titre tout seul est chose ridicule, je veux être portée pour une pension de dix mille livres sur la cassette du roi... Voilà mes conditions...

ODODÉI.

Elles sont inacceptables, réfléchissez encore...

Mme BEAUVAIS.

Oh ! c'est tout réfléchi.

COUPLETS.

Premier couplet.

C'est à mon tour
D'être insolente, impertinente

Comme vos dames de la cour.
En secret je suis dominante...
Et je m'en vante...
Enfin, je veux l'être au grand jour!
A la fois hautaine et servile,
Je ferai par la grande ville
Tant de fracas, d'embarras,
Que chacun dira tout bas :
Place, place !
Qu'on s'efface
Devant la reine du jour !
C'est à mon tour !

Point de scrupule,
Quelque sotte qui recule !
Rire de tout est le plus court,
Bref, je dirai, si l'on me trouve ridicule :
C'est à mon tour!

Deuxième couplet.

C'est à mon tour
De m'entendre conter fleurette
Par vos jolis muguets de cour!...
J'étais coquette,
Mais je l'étais en cachette;
Enfin je veux l'être au grand jour.
Je veux que pour moi l'on soupire
Et qu'en me contant son martyre,
Le plus fat ou le plus sot
Dise en fripant son jabot :
Ma mignonne,
Soyez bonne
Et payez-moi de retour,
C'est à mon tour!

Point de scrupule, etc.

ODODÉI, avec colère.

Vis en demandez trop! c'est impossible...

Mme BEAUVAIS, de même.

Alors rien de fait!

ODODÉI, se modérant.

Cette sère madame Beauvais! (A part.) Il faut gagner du temps. (Haut.) Je vous demande d'y réflessir.

Mme BEAUVAIS.

Très-bien! je vous donne jusqu'à demain matin.

ODODÉI.

Zousqu'à demain matin, miséricorde!

Mme BEAUVAIS.

Ma rentrée en faveur, le titre de baronne, une pension de dix mille livres et ces lettres, de mon secrétaire dans vos mains... Sinon!... Adieu signor!

ODODÉI.

Ze vi baise les mains.

(Madame Beauvais sort.)

SCÈNE XII.

ODODÉI, puis LULLI.

ODODÉI, très-agité.

Des conditions pareilles! allons, c'est un essai! et me voilà privé de ces dix mille pistoles qu'en cas de réoussite, Son Éminence avait daigné me promettre!... Sango di me!... dix mille pistoles! que de bonnes actions j'aurais pu commettre avec cela!... Maudite Beauvais! dix mille pistoles!... J'en donnerais quatre mille pour ravoir ces lettres!

LULLI, qui a écouté.

Je les prends.

ODODÉI.

Toi! d'où sors-tu?... que veux-tu?...

LULLI.

Vis enrissir.

ODODÉI.

Un marmiton!

LULLI.

Le talent, il est bon à toutes sauces. Vi voulez obtenir trois lettres renfermées dans le secrétaire de la signora...

ODODÉI.

Comment sais-tu?

LULLI.

J'ai tout entendu!... demain les trois lettres elles seront entre vos mains, moyennant la somme par vous promise.

ODODÉI, vivement.

Deux mille pistoles.

LULLI.

Vis aviez dit quatre! Va pour deux... je ne marchande zamais.

ODODÉI.

Ma, qui me dit, qu'une fois nanti de cet argent?...

LULLI.

Vous ne paierez qu'après!... donnant donnant.

ODODÉI.

C'est piou honorable et piou rassurant, ma qui m'assoure, petit, que tou réoussiras?

LULLI.

Ze suis Italien, et vi savez, signor, qu'en fait d'intrigue, nous n'avons pas nos pareils.

ODODÉI.

J'accepte!.., (A part.) Car après tout, c'est le cardinal qui paiera. (Haut.) Voici donc nos conditions bien arrêtées.

LULLI.

Les vôtres, monsignor... car ze n'ai pas encore fait les miennes...

ODODÉI.

Ah! tou as de l'esprit et de la proufdence...

LULLI, le regardant.

Ze regarde, monsignor, et z'étoudie. (Touchant du doigt la poche d'Ododéi.) Vis avez là, contre un de mes amis, oune lettre de cachet.

ODODÉI, la tirant de sa poche.

C'était pour être agréable à la Beauvais.

LULLI.

Vous n'y tenez plus dans ce moment, au contraire.

ODODÉI.

C'est vrai!

LULLI, prenant vivement la lettre.

Ze la prends!... Il me faut ensuite un bel habit de cour.

ODODÉI.

A toi!

LULLI.

Ze vais au bal chez la Beauvais et ze ne puis m'y présenter sous cé costume.

ODODÉI, tirant une bourse de sa poche.

Voici dix pistoles...

LULLI.

Mettez-en quinze pour le carrosse et le petit laquais... (A part.) Je prendrai gratis un de mes camarades...

ODODÉI.

Permets donc!... Il ne reste plus dans ma bourse que cinq pistoles.

LULLI, prenant la bourse.

Mettons-les pour les frais imprévus... vous disiez tout à l'heure qu'il fallait de la prudence.

ODODÉI.

Oui... mais qui me répond de toi?... maintenant que tu as vingt pistoles!...

LULLI.

Per Dio! l'envie que z'ai de gagner les autres!...

ODODÉI.

Ce mot, il est profond et me décide... (A part.) Après tout, c'est le cardinal qui paiera, (Regardant Lulli.) et puis il est encore trop jeune pour être fripon... (Haut.) Addio...

LULLI.

Ah! une invitation de bal per me.

ODODÉI.

C'est zuste... il pense à tout... addio... piccolo!

(Il sort au moment où Philippe paraît.)

SCÈNE XIII.

LULLI, PHILIPPE.

FINALE.

LULLI, joyeusement.

Victoire, victoire!
Pour moi quelle gloire!
Déjà, pour début,
J'ai touché le but!
Salut à l'intrigue

Par qui, sans fatigue,
On fait un chemin
Rapide et certain!

PHILIPPE.

Il chante victoire!
Mais puis-je le croire?
Et dès le début
Touchons-nous le but?
Au pays d'intrigue
Souvent qui se ligue,
Cherche son chemin
D'un pas incertain.

LULLI.

A l'horizon plus de tempête;
Et si cette nuit l'on t'arrête,
Ce sera bien de ton plein gré.
(Lui donnant la lettre de cachet.)
Voici le premier coup paré!

PHILIPPE.

Libre!...

LULLI.

Par moi, mais qu'on m'écoute;
As-tu du cœur? réponds!

PHILIPPE.

Ce doute...

LULLI.

Tu vas me le prouver.

PHILIPPE.

Comment?...

LULLI.

En pratiquant l'enlèvement!

PHILIPPE.

Celui d'Hortense?..

LULLI.

Zoustement!
Tu vas, pour tenter l'aventoure,
Préparer sevaux et voiture.

PHILIPPE.

C'est dit.

LULLI.

Sois prompt et diligent!

PHILIPPE.

Je vole... Ah! diable et de l'argent!

LULLI, *lui donnant une bourse.*

Partageons.

PHILIPPE.

Miracle et merveille!...
Vraiment je doute si je veille!

LULLI.

Au jour naissant, devant l'hôtel Beauvais
Tu m'attendras...

PHILIPPE.

Mais!...

LULLI.

Pas de mais!...
e mot, mon ser, n'est pas français!

Ensemble.

LULLI.

Victoire, victoire!
Pour moi quelle gloire!
Déjà pour début
J'ai touché le but!
Salut à l'intrigue, etc.

PHILIPPE.

Victoire! victoire!
Il faut bien y croire,
Et dès le début
Nous touchons au but!
Salut à l'intrigue, etc.

(Ils sortent en courant et en se tenant par la main.)

SCÈNE XIV.

MARMITONS, VOISINS, PEUPLE.

(Défilé des patronnets qui commencent à sortir de la maison de Béchamel.)

MARCHE DES PATRONNETS.

LES PATRONNETS.

Gaîment, morbleu,
Allons au feu!
C'est Béchamel qui nous guide,
Sous ce chef intrépide
Marchons au pas
Et l'arme au bras!

(Pendant ce chœur, les fenêtres et les portes se sont ouvertes. Des voisins du quartier s'amusent à regarder le défilé des patronnets et se moquent d'eux.)

LES VOISINS.

Mais voyez donc que d'embarras!
Que d'embarras, que de fracas!...
On les prendrait pour des soldats
Qui vont conquérir des États!...
Marchant au pas et l'arme au bras!
Ah! ah! ah! ah!

LES PATRONNETS.

Finissez, manants et pieds plats!

Ou nous vous jetons tous à bas!

(Les patronnets jettent des pierres aux railleurs, les portes et les fenêtres se referment. — Les patronnets se sont rangés au fond.)

SCÈNE XV.

LULLI, reparaît, suivi de PHILIPPE; à sa vue tous les PATRONNETS l'entourent.

TOUS.

Lulli!...

RISOTTO.

Nous savons ta disgrâce!

VOL-AU-VENT.

Pour toi quel malheur!...

LULLI.

C'est selon!
De la cuisine l'on me chasse,
Mais il me reste le salon!...

Ensemble.

LULLI.

Adieu! je pars; mais de la foi promise
Gardez toujours le souvenir vainqueur;
N'oublions pas notre chère devise :
Pour nous aimer, n'ayons qu'un même cœur...

LES PATRONNETS.

Tu pars! adieu, mais de la foi promise
Nous garderons le souvenir vainqueur!
Et nous dirons notre chère devise :
Pour nous aimer n'ayons qu'un même cœur.

PHILIPPE.

Déjà la nuit nous favorise,

L'espoir s'éveille dans mon cœur !
Partons, que le ciel nous conduise,
Et que le bon droit soit vainqueur !

SCÈNE XVI.

Les mêmes ; BÉCHAMEL et ODODÉI ; Voisins.

BÉCHAMEL, apercevant Lulli.
Viens çà, petit, je te pardonne...
(A part.)
Car au fait, j'ai besoin de lui.

LULLI.
A mon oreille encor résonne
Mon violon brisé... non, non, tout est fini !

ODODÉI, entrant et glissant un papier dans la main de Lulli.
Voilà ton invitation.

LULLI, à demi-voix.
Merci !

BÉCHAMEL.
Partons d'ici.

LES PATRONNETS.
Partons d'ici !
(Les voisins reparaissent aux portes et aux fenêtres.)

MARCHE DES PATRONNETS.

Ensemble.

LES PATRONNETS.
Gaîment, morbleu ! etc.

LES VOISINS.
Mais voyez donc que d'embarras ! etc.

LULLI.
Adieu, je pars ! mais de la foi promise, etc.

RISOTTO et VOL-AU-VENT.
Tu pars, adieu, mais de la foi promise, etc.

PHILIPPE.
Déjà la nuit nous favorise, etc.

ODODÉI, regardant Lulli.
Oui, grâce à lui notre entreprise
M'apparaît sous un jour flatteur ;
J'ignore encor ce qu'il avise,
Mais désormais, je n'ai plus peur.

BÉCHAMEL, regardant Lulli.
J'ai fait je crois une sottise,
Car il est fier, il a du cœur ;
Dissimulons, c'est ma devise,
Pour ramener le débiteur.

ACTE DEUXIÈME

Un élégant boudoir; salon au fond. — Portes à droite et à gauche. Croisées à droite sur le second plan. Une toilette.

SCÈNE PREMIÈRE.

Mme BEAUVAIS, HORTENSE, en grande toilette.

Mme BEAUVAIS, entrant.

Je n'en puis plus, j'étouffe de chaleur et de joie !... Quel triomphe pour mon hôtel !... Des marquis, des barons à n'en savoir que faire !... puis quel luxe céans, comme on a festiné ! quelle cohue, quel vacarme !

HORTENSE, soupirant.

Hélas !...

Mme BEAUVAIS.

Dites donc, ma mie, vous êtes toujours à soupirer comme une colombe; je vous plains fort, vraiment ! Être duchesse de la Vauguyon, voilà un malheur !

HORTENSE.

Oui, quand avec ce titre on m'impose un mari que je déteste !...

Mme BEAUVAIS.

A-t-on donc tant besoin d'adorer son mari? Duchesse !... Mort de ma vie, je voudrais être à votre place !

HORTENSE.

C'est bien facile, ma tante.

Mme BEAUVAIS.

Eh! je ne suis pas libre!... je veux dire que Monseigneur le duc ne pense nullement à moi, mais à vous!... Il vous aime à en perdre l'esprit!

HORTENSE.

Pour ça, je l'en défie. Non, tout décidément, ma tante, je préfère entrer en religion.

Mme BEAUVAIS.

Ta, ta, ta!... Le couvent ou Philippe, c'est connu; mais je suis là, ma nièce, et vous n'aurez ni l'un ni l'autre.

HORTENSE.

Pauvre Philippe!...

Mme BEAUVAIS.

S'il n'était que pauvre!... mais songez donc, ma chérie, que son père vendait du drap.

HORTENSE.

Le mien aussi, ma tante, le vôtre aussi.

Mme BEAUVAIS.

Eh! à qui le dites-vous!... Ils avaient tous cette rage-là dans notre famille; mais moi, je ne l'ai pas. Je vais être baronne, vous duchesse; ainsi renoncez donc à vous encanailler.

HORTENSE.

Oh! ma tante!

Mme BEAUVAIS, s'asseyant.

Hortense, écoutez-moi! On me croit en disgrâce; on se trompe. La reine mère, dont j'ai possédé les secrets, me déteste, c'est vrai; mais elle me craint. Quant au jeune roi, il n'a jamais cessé d'être aimable avec moi, et il m'en donne une preuve qui va surprendre et confondre tous les envieux. Le roi, la reine, le cardinal sont arrivés ce soir de Saint-Germain à Paris pour visiter demain l'hôtel de la Monnaie. Lorsqu'il en sortira, le roi doit demander avec indifférence : « Quel est donc cet élégant pavillon que j'aperçois d'ici ?... — Celui de Mme Beauvais, Sire. — Ah! je serais curieux de le parcourir. » Caprice de roi est toujours obéi. Le roi viendra chez moi ; l'exercice donne de l'appétit, et le roi aura faim : il daignera accepter avec indifférence un fruit, un sorbet ; il trouvera une collation magnifique que mes ennemis intimes, la reine et le cardinal, ne pourront se dispenser de partager avec lui... Au dessert, je me jetterai aux pieds de mes illustres hôtes, et je les supplierai de m'accorder l'insigne faveur de signer votre contrat de mariage. Le roi consentira, toujours avec indifférence, et, grâce à cette petite scène improvisée que je prépare depuis un mois, mes rêves seront accomplis et me voilà plus en faveur que jamais. Je n'ajouterai qu'un mot : c'est que M. Philippe, qui semble faire obstacle à tous mes projets, est à cette heure sous clef, hors d'état de me nuire, à la Bastille enfin, d'où il ne sortira que lorsque vous aurez consenti à devenir duchesse de la Vauguyon.

HORTENSE, se levant.

Philippe à la Bastille! à cause de moi!... Vous n'aurez pas le cœur de l'y retenir?

Mme BEAUVAIS.

Je vous ai dit, ma mie, que ça dépendait de vous seule !... Épousez, il est libre.

HORTENSE, pleurant.

J'épouserai... j'épouserai.

Mme BEAUVAIS.

Vous voilà raisonnable ; je vais dès ce soir m'entendre avec le duc, pour le contrat.

HORTENSE, joignant les mains.

Ma tante, quoi! mon chagrin...

Mme BEAUVAIS.

Je vous l'ai dit, ma chère, on ne se marie pas pour son plaisir.

(Elle sort.)

SCÈNE II.

HORTENSE, puis LULLI, en habit de cour.

HORTENSE.

Oh! non, je le vois bien! C'est fini... plus d'espoir... Tout m'abandonne...

LULLI, qui est entré peu avant ces derniers mots.

Excepté moi...

HORTENSE, effrayée.

Monsieur, qui êtes-vous?...

LULLI, vivement.

Un ami; je viens de la part de Philippe.

HORTENSE.

De Philippe? oh! parlez! où est-il? que fait-il?

LULLI.

Il est libre comme l'air, joyeux comme le soleil.

HORTENSE.

Libre!

LULLI.

Oui, grâce à moi!...

HORTENSE.

Mais vous êtes donc un ange?

LULLI.

Ze souis votre serviteur, mademoiselle, et pas autre chose, à condition que vous suivrez mes avis.

HORTENSE.

Oh! je vous le promets.

LULLI.

Et vous ferez bien, car je n'en donne que de bons. Votre tante sort d'ici?

HORTENSE.

Oui, monsieur.

LULLI.

Vous avez refusé ce mariage qu'elle vous proposait?

HORTENSE.

Oui, monsieur... J'ai refusé d'abord...

LULLI.

Et ensuite?

HORTENSE.

J'ai promis d'obéir; la liberté de Philippe était à ce prix.

LULLI.

Sacrifice inutile, Philippe n'ayant plus rien à craindre. Vous allez dire à votre tante que tout décidément vous refusez l'honneur qu'elle veut vous faire.

HORTENSE.

Mais ma tante se fâchera.

LULLI.

Non, elle se calmera.

HORTENSE.

Oh! vous ne la connaissez pas; ma tante ne se calmera jamais.

LULLI.

Autre moyen : vis allez dire au duc de la Vauguyon que

vis le trouvez laid... sot à manger de l'herbe... que vis ne voulez pas de lui, enfin.

HORTENSE.

Mais, monsieur, ce ne sont pas des raisons pour qu'il ne veuille pas de moi.

LULLI.

C'est juste. Autre moyen, vis allez prendre votre voix la pious irrésistible pour demander un sourcis à votre futour jousqu'à demain ; vous ajouterez que votre bonheur vous effraie, que vis avez besoin de vous y habitouer ; ça le flattera, et...

HORTENSE.

Et demain ?

LULLI.

Demain vous serez sauvée ; l'important est de gagner quelques heures.

HORTENSE.

J'obéirai... Après ?

LULLI.

Après, vis irez vous cousser, c'est-à-dire non, vi ne vous cousserez pas ; vis attendrez le point du jour, et lorsque les gens d'ici seront fatigués de leur nuit, commenceront à dormir, vis reviendrez ici ; nous y serons.

HORTENSE.

Qui, vous ?...

LULLI.

Philippe et moi, per Dio !

HORTENSE.

Quel bonheur !... et après ?

LULLI.

Après, nous vis enlèverons.

HORTENSE.

M'enlever? oh! jamais! je ne veux pas qu'on m'enlève.

LULLI.

Ah! si vis avez peur d'un rien!... Je vous joure, cère enfant, que ce n'est pas désagréable du tout d'être enlevée.

HORTENSE.

Mais monsieur... quitter ainsi cette maison...

LULLI.

Souivez mon raisonnement : il vous faudra toujours la quitter, soit avec votre mari, soit avec votre amant ; or ne vaut-il pas mieux souivre l'homme qu'on adore que celui qu'on déteste?... ah !...

HORTENSE.

C'est vrai!...

LULLI.

Vi voyez bien!

HORTENSE.

Eh bien! monsieur, c'est dit! je me laisserai enlever !... Après?

LULLI.

Après?... ma foi ! Philippe vous dira ce que vous aurez à faire.

HORTENSE.

Mais ma tante?...

LULLI.

Ze m'en sarze! J'espère trouver bientôt certain moyen pour la faire consentir à votre mariage.

HORTENSE.

Que vous êtes bon!... C'est dit! je m'abandonne à votre sagesse, à votre expérience.

LULLI.

A mon expérience, c'est ça. Rentrez sans piou tarder, on pourrait nous surprendre.

HORTENSE.

Oh! je ne crains plus rien. Si vous saviez combien vous m'avez donné de courage!

LULLI.

Et si vous saviez combien vis allez donner de zoie à Philippe!... Vis allez me donner un tout petit baiser, ça fait que tout le monde aura eu quelque soze!

HORTENSE.

Ah! monsieur!

LULLI, l'embrassant.

Mon droit de commission... à bientôt!

HORTENSE.

A bientôt!...

(Elle sort.)

SCÈNE III.

LULLI, seul.

Tout s'arrange à merveille! un amant qui va se touer, une zeune fille qu'on enlève, ça ferait un joli opéra. Maintenant, à nous deux, madame Beauvais.

AIR.

(Fièrement.)
Le sort en est jeté, commençons la bataille!
 (S'arrêtant.)
 Mais qu'ai-je donc au moment du combat?
 Voici mon cœur qui se trouble, qui bat,
  Et qui de ma valeur se raille.

Malgré moi,
Doux émoi
Me pénètre...
C'est la peur!
C'est peut-être
Du bonheur!

Cœur si brave,
Craindrais-tu
D'être esclave
Et battu?...
Ou, sans force,
A l'amorce
D'être pris
Et surpris?...

Malgré moi, etc.

Mais de ma lâcheté je devine la cause :
Voici l'heure discrète où la fuite du jour
Berce dans un songe d'amour
Le monde assoupi qui repose.

Dans la nuit
Et loin du bruit,
Quand l'étoile d'or qui luit
Au pays du rêve
Déjà nous enlève...
Dans la nuit
Qui passe et fuit,
En ce doux réduit
Conduit,
Quel trouble inconnu me poursuit
Dans la nuit?

Dans la nuit,
Vraiment c'est grand dommage,
Dans la nuit,
De me montrer si sage.
Ah! si je voulais,
Ah! si je l'osais,

Quels charmants secrets
J'apprendrais !

Dans la nuit, etc.

Mais tais-toi, mon cœur, tais-toi !
A l'amitié je veux garder ma foi !
Tais-toi, pauvre cœur, et dis-toi
Qu'ici je ne viens pas pour moi.
(Soupirant.)
N'importe, c'est grand dommage
De montrer un pareil courage.
Ah !

Dans la nuit, etc.

Je crois qu'on sort du bal, on vient ici... c'est elle sans doute... oimé ! elle n'est pas seule !... Où me cacher ?... ici !

(Il se cache sous la toilette.)

SCÈNE IV.

Mme BEAUVAIS, Suivantes, LULLI, caché.

LES SUIVANTES.
A notre maîtresse,
Loin des yeux jaloux,
Prouvons notre adresse
Et signalons-nous !

Mme BEAUVAIS, à part.
De Monseigneur, j'ignore la pensée ;
Mais pour signer il remet à demain.
J'ai voulu résister en vain...
Une nuit est bientôt passée.
(A ses femmes.)
A-t-on mis maître Béchamel
Dans la serre de mon hôtel ?

LES SUIVANTES.

Oui, madame.

Mme BEAUVAIS.

C'est bien, allons et qu'on se presse!

LES SUIVANTES.

A notre maîtresse, etc.

Mme BEAUVAIS, devant sa glace.

ARIETTE.

Seul ami fidèle,
Des confidents le modèle,
Dont la voix révèle
A mon cœur discret
Plus d'un secret
Bien coquet,
Fais qu'aux ans rebelle,
Je sois toujours belle!
Fais durer longtemps
Mes jolis printemps!
Leur main trop cruelle,
Dis-moi, viendra-t-elle
Arrêter le cours
Des gais amours?
Ah! fais-les durer toujours!

LULLI, caché.

Femme qui babille
Et se déshabille,
Dieu que c'est joli!...
Pauvre petit Lulli!

Mme BEAUVAIS.

Ah!
Seul ami fidèle,
Des confidents le modèle,
Rends-moi toujours belle!
A mon cœur discret

Dis un secret
Bien coquet.

(A ses femmes.)

Et maintenant, la nuit s'avance,
Bonsoir et partez en silence;
De mon réduit
Partez sans bruit.

LES SUIVANTES.

Partons sans bruit
De ce réduit!...

(Les suivantes sortent.)

SCÈNE V.

Mme BEAUVAIS, LULLI.

Mme BEAUVAIS, jetant un coup d'œil à son miroir.

Décidément, Sa Majesté n'a pas trop mauvais goût.

LULLI, qui est sorti tout doucement de sa cachette.

Je souis de cet avis.

Mme BEAUVAIS, effrayée.

Hein? Ciel! que voulez-vous?

LULLI.

Je veux... ou pioutôt ze voudrais être le roi de France.

Mme BEAUVAIS.

Qu'est-ce à dire?... (Le regardant.) Tiens! ce petit jeune homme qui, toute la soirée, m'a suivie des yeux... et qui en dansant m'a serré la main... Retirez-vous, insolent!...

LULLI.

Madame, ne criez pas.

Mme BEAUVAIS.

Par exemple! (A part.) Non vrai, il n'y a plus d'enfants...
(Haut.) Attends un peu!

DUO.

Mme BEAUVAIS, appelant.

Au secours, à l'aide!
A l'aide, au secours!

LULLI, cherchant à la faire taire.

Il faut qu'on me cède,
Car ces murs sont sourds.

Ensemble.

LULLI.

Dans votre demeure,
Tout dort à cette heure,
Et nul n'entendra,
Nul ne répondra!
Qu'entre nous, de grâce,
Dans votre intérêt,
Tout ici se passe,
Se passe en secret!

Mme BEAUVAIS.

Oui, dans ma demeure,
Tout dort à cette heure,
Nul ne m'entendra,
Ne me répondra!
Quel excès d'audace!
Mais mon intérêt
Veut que tout se passe,
Se passe en secret!

Mme BEAUVAIS, se calmant.

Puisqu'il le faut, je vous écoute!

LULLI.

Vous faites bien, ze souis têtu.

Mme BEAUVAIS, à part.

Dieu! que j'ai peur pour ma vertu!
(Haut.)
Vous allez me dire sans doute...

LULLI.

Tout. Vi me croyez un amant,
Vous vous trompez...

Mme BEAUVAIS, très-surprise.

Ah! bah! vraiment?

LULLI.

L'occasion elle était belle,
Ma ze souis rempli de candeur!
Ze n'en veux qu'à votre escarcelle.

Mme BEAUVAIS, avec effroi.

Ciel! un voleur!

LULLI.

J'ai cet honneur!

Mme BEAUVAIS, à part.

Ah!
Pour mes bijoux que j'ai peur!

Ensemble.

LULLI.

Dans votre demeure, etc.

Mme BEAUVAIS.

Oui, dans ma demeure, etc.

LULLI, s'animant.

La clef de votre secrétaire?

Mme BEAUVAIS.

Monsieur, que prétendez-vous faire?...

LULLI.

Le visiter... z'ai résolu
De vous débarrasser de votre superflu!...
(Tirant de sa poche un pistolet.)
La clef, madame, ou bien ze tire!

Mme BEAUVAIS, la lui donnant.

La voilà!... je me meurs, j'expire!...

LULLI, ouvrant le secrétaire.

Parfait, tenez, c'est un moyen;
Trouvez-vous mal, ça fera bien.
(Examinant les bijoux.)
Peste! le roi fait bien les sozes.

Mme BEAUVAIS, se levant et courant à lui.

Sais-tu bien à quoi tu t'exposes?...
Coquin, pendard, je...

LULLI.

Retrouvez-vous mal!

Mme BEAUVAIS, se laissant retomber.

Ah! Quel petit drôle infernal!

Ensemble.

Mme BEAUVAIS, à part.

Hélas! laissons-le faire,
Je vois qu'en cette affaire
Le mieux est de me taire,
Puisque tout me trahit!
Dieu de la contrebande,
J'abdique mon dépit,
Si tu fais qu'on le pende
Pour avoir trop d'esprit!

LULLI, qui a trouvé les papiers.

Grâce au sort tutélaire,
Ma ruse téméraire
Triomphe en cette affaire
Et je tiens cet écrit!
Vive la contrebande!
Vivent les gens d'esprit!
Quand l'audace commande
La fortune obéit!

(Il revient près de madame Beauvais et lui remet la clef après l'avoir saluée.)

Voici le jour,
L'heure où l'amour
En tapinois fait sa retraite!...
Mais ze le sens,
Ze le regrette,
Z'ai bien mal employé le temps.

Mme BEAUVAIS, avec ironie.

Je vous plains fort!

LULLI.

Bonne et zolie!...
Votre cœur est si généreux
Que vous m'accorderez, si ze vous en supplie
Un baiser!...

(Geste de refus de Mme Beauvais, Lulli continue en montrant son pistolet.)

Soit! z'en prends deux.

Ensemble.

Mme BEAUVAIS, pendant que Lulli l'embrasse.

Hélas! laissons-le faire, etc.

LULLI.

Doux et tendre salaire!
Parlez-moi d'une affaire

Où rien n'est ordinaire,
Ni danger, ni profit !...

Vive la contrebande ! etc.

Mme BEAUVAIS.

Eh bien ! il reste là ; mais à quoi pensez-vous ?

LULLI.

Je pense que vis êtes belle !...

Mme BEAUVAIS, à part.

Des compliments... Au fait ! s'il pouvait s'attendrir et me rendre mes diamants. (Haut.) Dites-moi, monsieur, comment se fait-il que, si jeune, vous ayez choisi une profession si...

LULLI.

Que voulez-vous ? madame, notre état doure si peu qu'on ne saurait le commencer trop tôt.

Mme BEAUVAIS.

Tenez, je sens que, malgré moi, je m'intéresse à vous, je voudrais vous sauver... vous...

LULLI, soupirant.

Me sauver, vous, madame, qui êtes faite pour damner tout le monde ?

Mme BEAUVAIS, le regardant.

Mais c'est qu'il est gentil à croquer. (Haut.) Voyons, un bon mouvement ; dites-moi que vous vous repentez.

LULLI.

Oh ! oui, je me repens de ne vous avoir pris que deux baisers quand je pouvais vous en demander quatre.

Mme BEAUVAIS.

Monsieur !...

LULLI.

Ne criez pas, je veux bien vi les rendre.

Mᵐᵉ BEAUVAIS, à part.

Il est incorrigible, et je serais bien bonne d'avoir de la pitié... (Haut.) Partez!... monsieur, partez!

LULLI.

Je le désire, mais je ne vois que cette fenêtre par où je puisse... or je craindrais de vous compromettre (A part.) et de me rompre les jambes.

Mᵐᵉ BEAUVAIS, à part.

Ah! mon petit filou, je te tiens! (Haut.) Par ici, une issue secrète...

(Elle va lui ouvrir la porte du cabinet.)

LULLI.

Celle des amants heureux...

Mᵐᵉ BEAUVAIS.

Hein?

LULLI, sur le seuil et lui envoyant des baisers.

Ze pars!... Dieu! que ze souis fassé de ne pas en avoir pris une douzaine et le treizième par-dessus le marché!...

(Il sort.)

SCÈNE VI.

Mᵐᵉ BEAUVAIS, qui donne vivement un tour de clef.

Enfin!... ah! tu es bien habile, mon jeune drôle... mais pas assez pour moi; il n'y a pas d'issue, te voilà pris au piége, et vite, sonnons l'alarme... (Elle sonne.) Ils n'entendent pas... Ma nièce, mes gens... holà!...

(Elle sonne.)

LULLI, derrière la porte.

Madame... madame... ouvrez... c'est une trahison!

_{M^{me} BEAUVAIS, riant.}

Ah! ah! ah! Je vous tiens et nous allons bien rire... le guet, le commissaire vont arriver ici, et vous serez pendu, Jean Lira, mon bel ami !

_{LULLI, frappant toujours.}

Ouvrez, ou bien je brise la porte !

_{M^{me} BEAUVAIS.}

Elle est solide !...

_{LULLI.}

J'ai sur moi un briquet, je vais incendier la maison !

_{M^{me} BEAUVAIS, effrayée.}

C'est qu'il en est capable... Dieu! mon nouvel hôtel !... Au secours !... au secours !... C'est comme si je chantais. (Elle sonne et Lulli frappe.) Voyons, par cette fenêtre !... justement un cavalier qui passe et repasse dans la rue !... (Criant.) Monsieur, monsieur ! Je suis une pauvre femme à qui on a tout pris !... Oui, monsieur, un voleur qu'il s'agit d'arrêter... il m'entend !... Il s'élance sur les pierres en saillie... Le bon, le brave jeune homme ! (Philippe paraît.) Mon coquin de neveu !...

SCÈNE VII.

Mme BEAUVAIS, PHILIPPE.

_{PHILIPPE.}

Ma tante !

_{M^{me} BEAUVAIS.}

Vous êtes assez osé pour reparaître ici ?...

_{PHILIPPE.}

Mais, mon aimable tante, c'est vous qui m'en avez prié.

Mme BEAUVAIS.

Vous n'êtes donc pas à la Bastille ?

PHILIPPE.

Vous le voyez.

Mme BEAUVAIS.

J'enrage !

PHILIPPE.

Du calme... je sais bien que ce n'est pas votre faute si...

Mme BEAUVAIS.

Eh ! allez vous promener !

PHILIPPE.

J'en arrive.

Mme BEAUVAIS, à part.

D'un côté mon neveu !... de l'autre mon voleur !... et mes gens qui continuent à dormir ! C'est à devenir folle. Je vais avertir moi-même les voisins, le commissaire, puis je reviens en force pour faire jeter l'un de ces deux coquins en prison et l'autre à la porte.

(Elle sort vivement.)

SCÈNE VIII.

PHILIPPE, HORTENSE, puis LULLI caché.

PHILIPPE, riant.

Ah ! ah ! ah ! malgré elle, me voilà dans la place ; courons prévenir Hortense.

HORTENSE, accourant.

Je suis prévenue.

PHILIPPE.

Hortense!

HORTENSE.

Et je serais venue plus tôt, mais j'entendais ma tante qui appelait au secours; je n'avais garde de paraitre. Êtes-vous prêt à m'enlever?

PHILIPPE.

Mais qui donc vous a dit?...

HORTENSE.

Votre ami!...

PHILIPPE.

Lulli? mais où est-il?

LULLI, frappant de nouveau.

Par ici... par ici!

HORTENSE.

C'est lui!

PHILIPPE, ouvrant la porte.

Que fais-tu là?

LULLI.

Je me fais du mauvais sang.

PHILIPPE.

Qui donc t'a mis sous clef?

LULLI.

Ta tante!

HORTENSE.

Pourquoi?...

LULLI.

Perché je l'ai volée!...

HORTENSE et PHILIPPE.

Volée ?...

LULLI.

Pour faire votre mariage.

HORTENSE.

Ah ! vous avez bien fait.

LULLI.

Sans doute, et vis allez devenir mes complices. (Remettant les lettres à Philippe.) Prends ces papiers, cache-les, ne les remets qu'à moi.

PHILIPPE.

Sois tranquille ; mais que faire ?

LULLI.

Eh ! per Dio, c'est bien simple.

TRIO.

LULLI.

Tout d'abord esquivons-nous.

PHILIPPE et HORTENSE.

Tous !

LULLI.

L'aube s'éveille et la nuit...

PHILIPPE et HORTENSE.

Fuit !

LULLI.

Et pour n'être pas surpris !...

PHILIPPE et HORTENSE.

Pris !

LULLI.

Partir est le seul moyen.

PHILIPPE et HORTENSE.

Bien!
Sans retard esquivons-nous.

LULLI.

Tous!

PHILIPPE et HORTENSE.

Ici nous serions surpris...

LULLI.

Pris!

PHILIPPE et HORTENSE.

L'aube s'éveille et la nuit...

LULLI.

Fuit!

PHILIPPE, HORTENSE et LULLI.

Fuyons comme elle, sans bruit!

LULLI, regardant par la fenêtre.

Hélas! dans la rue
Partout se rue
La foule accrue!

PHILIPPE.

Comment
En ce moment
Tenter un enlèvement!

LULLI.

Toute une cohorte
A cette porte
Se transporte.

PHILIPPE et HORTENSE.
Nous sommes perdus !

LULLI, gaiement.
Nous serons peut-être pendus !

PHILIPPE et HORTENSE.
Ah ! j'en perdrai la raison !

LULLI.
Non !

PHILIPPE et HORTENSE.
Tout est fini désormais !

LULLI.
Paix !

PHILIPPE et HORTENSE.
Qui calmera notre effroi ?

LULLI.
Moi !

PHILIPPE et HORTENSE.
Dans ce péril inouï ?

LULLI.
Oui !
Voyons, un peu de raison.

PHILIPPE et HORTENSE.
Non !

LULLI.
Il en faut plus que jamais.

PHILIPPE et HORTENSE.
Mais...

LULLI.

Je calmerai votre effroi.

PHILIPPE et HORTENSE.

Toi ?

LULLI.

Je vous en donne ma foi ;
Plus de plainte
En cette enceinte !

PHILIPPE et HORTENSE.

Mais toi ?

LULLI.

Je nargue le sort,
Plus que lui je suis fort ;
Cette cheminée
A me sauver est destinée...
Petit flibustier,
M'enfuir par là c'est mon métier.

PHILIPPE et HORTENSE.

Quoi ! ton métier ?

Ensemble.

LULLI.

Plus d'ennui, plus de chagrin
Vain !
Au trébuchet, dans ces murs
Sûrs,
Je suis comme une souris
Pris !
Mais j'ai des tours dans mon sac,
Crac !
Et loin d'avoir en mon cœur
Peur,
Bravant prison et cachot,

17.

Tôt
Je m'envole dans les cieux
Bleus,
Ainsi qu'un oiseau joyeux !

PHILIPPE et HORTENSE.

Plus d'ennui, plus de chagrin
Vain !
Au trébuchet dans ces murs
Sûrs,
Il est comme une souris
Pris !
Mais grâce aux tours de son sac,
Crac !
Et loin d'avoir en son cœur
Peur,
Bravant prison et cachot,
Tôt
Il s'envole dans les cieux
Bleus,
Ainsi qu'un oiseau joyeux !

PHILIPPE et HORTENSE.

Adieu !

LULLI, s'introduisant dans la cheminée.

Bonsoir !

PHILIPPE et HORTENSE.

Eh bien ?

LULLI, s'éloignant.

Voilà !

PHILIPPE et HORTENSE.

Il part, il est bien loin déjà !

LULLI, au loin.

Ah !

SCÈNE IX.

(Au moment où Lulli disparaît, les gens de service et le guet accourent successivement.)

PHILIPPE, HORTENSE, Mme BEAUVAIS, Gens de la maison et Voisins, Soldats du guet, LE COMMISSAIRE, ODODÉI.

FINALE.

LES GENS de la maison.

Que se passe-t-il ici?...
Et pourquoi crier ainsi?...
Dieu merci,
Nous voici!
Expliquez-nous tout ceci...

LES VOISINS.

Que se passe-t-il ici? etc.

LES SOLDATS DU GUET.

Que se passe-t-il ici? etc.

Mme BEAUVAIS.

Me laisser crier ainsi,
Ah! c'est par trop fort aussi!
Dieu merci,
Vous voici!
Mais j'ai cru périr ici.

TOUS.

Que se passe-t-il ici? etc.

(Ododéi entre.)

Mme BEAUVAIS.

Signor...

ODODÉI.

Je viens pour notre affaire.

Mme BEAUVAIS.

Il s'agit bien de notre affaire !
J'attends monsieur le commissaire.

ODODÉI, à part.

Fort bien, je devine l'affaire !
Tâchons de l'embrouiller si bien
Que nul n'y reconnaisse rien !...

(Le commissaire entre.)

TOUS.

Voici monsieur le commissaire !

Mme BEAUVAIS, au commissaire.

Sachez...

LE COMMISSAIRE.

Un moment ! un moment !...
Le devoir d'un commissaire
Est d'agir en cette affaire
    Prudemment, (*Bis.*)
Surtout sans entraînement.

Mme BEAUVAIS.

Le devoir d'un commissaire
Est d'agir en cette affaire
    Bravement, (*Bis.*)
Surtout sans ménagement.

PHILIPPE, HORTENSE, ODODÉI et LE CHOEUR.

Le devoir d'un commissaire
Est d'agir en cette affaire
    Prudemment, (*Bis.*)
Et sans nul entraînement.

LE COMMISSAIRE.

Parlez, quel malheur vous accable ?

Mme BEAUVAIS.

Un enfant, chez moi, cette nuit
Pour me voler s'est introduit!

ODODÉI, d'un air de doute.

C'est incroyable,
Invraisemblable!
Un voleur qui n'est qu'un enfant!

LE COMMISSAIRE.

Oui! l'on se trompe si souvent!

LE CHŒUR.

Si souvent!...

Mme BEAUVAIS.

La preuve est qu'en ce secrétaire,
Il m'a dérobé mes bijoux.

ODODÉI, à part.

Le maladroit! c'est fait de nous!

LE CHŒUR.

Voyez, monsieur le commissaire.
(Le commissaire ouvre le meuble.)
Eh bien? eh bien?...

LE COMMISSAIRE.

Eh bien! mais il n'y manque rien.

TOUS.

Rien! rien! rien! rien!...

Mme BEAUVAIS.

C'est pis encore, et je suppose
Que l'on m'a pris bien autre chose

LE CHŒUR.

Eh! quoi donc?

Mme BEAUVAIS.

Des papiers...

LE COMMISSAIRE.

Pas un !...

TOUS.

Pas un !...

LE COMMISSAIRE.

Aucun !

ODODÉI.

C'est incroyable,
Invraisemblable !
On ne vole pas du papier !

LE COMMISSAIRE.

Le fait est que c'est singulier !

LE CHOEUR.

Singulier !

Mme BEAUVAIS.

J'enrage !

LE COMMISSAIRE.

Paix ! dans cette affaire
Le devoir d'un commissaire
Est d'agir prudemment,
Sans entraînement !

Mme BEAUVAIS.

Le devoir d'un commissaire, etc.

TOUS.

Le devoir d'un commissaire, etc.

LE COMMISSAIRE, à Philippe.

Ça, connaissez-vous l'existence
De ces papiers?...

PHILIPPE.

Non.

LE COMMISSAIRE, à Hortense.

Et vous?...

HORTENSE.

Non !

LE COMMISSAIRE, aux gens de la maison.

Et vous?

TOUS.

Non! non!...

LE COMMISSAIRE.

C'est bon!
(A madame Beauvais.)
Et vous avez rêvé, je pense!

Mme BEAUVAIS.

Qui? moi, j'ai rêvé? C'est trop fort!

LE COMMISSAIRE.

Vous avez tort!

TOUS.

Vous avez tort!

LE COMMISSAIRE.

Grand tort!

Mme BEAUVAIS, s'animant.

Ils me feront perdre la tête!...
Mais pour éclaircir votre enquête,

Sachez que, par moi bien scellé,
Mon voleur est ici sous clé!...

LE COMMISSAIRE.

Ah! c'est différent! la justice
Croyez-le, fera son office!...
Et par nous, dûment entendu,
Le coupable sera pendu!

ODODÉI, vivement.

Ce n'est pas assez, je demande
Qu'avant de l'entendre on le pende!

LE COMMISSAIRE.

Entrons!

LES SOLDATS DU GUET.

Entrons!

(Le commissaire sortant du cabinet.)

TOUS.

Eh bien? eh bien?

LE COMMISSAIRE.

Je ne vois rien!

TOUS.

Rien! rien! rien! rien!

ODODÉI, à part, respirant.

O mon patron, je te rends grâce!...

Mme BEAUVAIS.

Il aura donc quitté la place!
Mon neveu, ma nièce étaient là!...
Interrogez-les!... Les voilà!...

LE COMMISSAIRE, à Philippe et à Hortense.

Vous avez vu, parlez sans feinte,
Quelqu'un sortir de cette enceinte?

PHILIPPE.

Non!

HORTENSE.

Non!...

LE COMMISSAIRE.

Ah! parbleu, c'est trop fort!
(A madame Beauvais.)
Vous avez tort!...

TOUS.

Vous avez tort!...

ODODÉI, à madame Beauvais.

Et le devoir d'un commissaire
Serait d'agir en cette affaire
Contre vous justement,
Justement, sévèrement.

Mme BEAUVAIS.

Vraiment!
La chose serait neuve!...

ODODÉI.

Quoi! vous éveillez le quartier
Tout entier!
Nous accourons! pas une preuve
Je vous le dis!... vous avez tort!

TOUS.

Vous avez tort!

LE COMMISSAIRE.

Grand tort!

Ensemble.

LE COMMISSAIRE.

Vous êtes folle

Sur ma parole,
Vous avez rêvé tout cela!
Plus de prudence,
Moins d'insolence,
Ou contre vous on sévira!

HORTENSE et PHILIPPE.

Ma crainte folle
Soudain s'envole,
La bonne histoire que voilà!
De l'assurance,
Douce espérance!
Le danger est bien loin déjà!...

ODODÉI.

Ma crainte folle, etc.

Mme BEAUVAIS.

Sur ma parole,
Je deviens folle!
Ici tout m'accable, oui-da!
Mais patience!
Faisons silence!
On verra qui bientôt rira!

LE CHOEUR.

La pauvre folle
Croit qu'on la vole...
Mais elle a rêvé tout cela.
Quelle démence!
Mais l'évidence
Contre elle se tourne déjà!...

PHILIPPE et HORTENSE.

Ah! ah! ah! ah!
J'en ris tout bas.
Ah! ah! ah! ah!
Ma tante, hélas!
A beau faire; on ne la croit pas.

Mme BEAUVAIS.

Ah! ah! ah! ah!
Oui l'on verra!
Ah! ah! ah! ah!
Oui l'on verra
Qui de nous l'emportera!

ODODÉI.

Ah! ah! ah! ah!
J'en ris tout bas.
Ah! ah! ah! ah!
Et sans combats
J'ai su me tirer d'embarras!

LE CHOEUR.

Ah! ah! ah! ah!
Voyez-vous ça,
Elle est folle, folle, oui-da!

ODODÉI, au commissaire.

Vous allez me prêter main-forte
Et me suivre avec votre escorte;
Plus tard je vous dirai pourquoi.

Mme BEAUVAIS, à Hortense et à Philippe.

Rentrez, sortez! et qu'on m'écoute!

HORTENSE et PHILIPPE.

Malgré l'hymen que je redoute,
Je ne serai jamais qu'à toi!

Mme BEAUVAIS.

Partez, monsieur le commissaire!...
Mais pour moi, la chose est bien claire,
(Montrant Ododéi.)
Avec lui vous êtes d'accord.

LE COMMISSAIRE.

Vous insultez le commissaire!...
Ah! c'est trop fort!

TOUS.

Vous avez tort!

Ensemble.

LE COMMISSAIRE.

Vous êtes folle, etc.

HORTENSE et PHILIPPE.

Ma crainte folle, etc.

ODODÉI.

Ma crainte folle, etc.

Mme BEAUVAIS.

Sur ma parole, etc.

LE CHOEUR.

La pauvre folle, etc.

ACTE TROISIÈME

Premier tableau

L'intérieur des cuisines de l'hôtel Beauvais. — La broche tourne, les fourneaux flambent. Tous les marmitons sont à l'ouvrage. Un grand escalier communique des cuisines aux appartements supérieurs.

SCÈNE PREMIÈRE.

RISOTTO, VOL-AU-VENT, Patronnets, Marmitons.

LE CHŒUR.

Joyeux marmitons,
Luttons
D'ardeur et de zèle ;
Qu'au son des chaudrons
Se mêle
Le bruit des chansons !
Rôtissons,
Pâtissons,
Fricassons,
Cuisinons !

Joyeux marmitons,
Luttons
D'ardeur et de zèle ;
Qu'au son des chanson
Se mêle

Le bruit des chaudrons !
(Cris de toute part.)
Potage au potiron,
Timballe de jambon !
Filets de canneton !
Emincé de saumon !

Joyeux marmitons, etc.

Mais voici maître Béchamel.
Qu'il a l'air sombre et solennel !

SCÈNE II.

Les mêmes ; BÉCHAMEL, tragique et sombre.

BÉCHAMEL.

Dire que j'ai la recette dans la tête, que j'ai tous les éléments de la composition sous la main et que je n'arrive à faire que de la ratatouille !... c'est le mot ! je ne puis pourtant pas servir ça au roi !... Oh ! mon honneur !... que faire ?... trahi par mon génie, je n'ai plus qu'à vider le calice amer de l'humiliation !... Vol-au-Vent ?...

VOL-AU-VENT.

Voilà, m'sieu !

BÉCHAMEL.

Toi qui l'as vu à l'œuvre, sais-tu comment ce petit Lulli traitait le soufflé au parmesan ?

VOL-AU-VENT.

Non, m'sieu.

BÉCHAMEL.

Petit sot !... Risotto ?...

RISOTTO.

Voilà, m'sieu !

BÉCHAMEL.

Peux-tu m'élaborer un sorbet au melon ?...

RISOTTO.

Non, m'sieu !

BÉCHAMEL.

Imbécile !... (A part, avec rage.) J'y suis presque, j'y touche... c'est ça... et le temps presse ! (Haut.) Va, cours près de Lulli.

VOL-AU-VENT.

Lulli que vous avez chassé ?...

BÉCHAMEL.

Sans doute... Dites-lui qu'il peut revenir, que je lui pardonne... non dites-lui... — Jusqu'où le désespoir ne peut-il pousser un homme !... — dites-lui que je lui demande pardon... allez.

RISOTTO.

Mais nul ne sait ce qu'il est devenu.

VOL-AU-VENT.

Pauvre Lulli !

LES MARMITONS.

Infortuné Lulli !

BÉCHAMEL, avec désespoir.

Ce n'est pas lui, c'est moi qu'il faut plaindre... c'est le pays... quel affront pour votre gloire nationale et pour la mienne en particulier !

UNE VOIX, en haut de l'escalier.

Qu'on serve le dîner de Sa Majesté !

BÉCHAMEL, tressaillant.

Voilà... voilà... l'instant fatal!... oh! vertige et folie!

LES PATRONNETS.

Monsieur Béchamel, du calme.

BÉCHAMEL, sombre.

Du calme, j'en aurai. Le roi n'en est encore qu'au premier service... qui sait?... je trouverai... et si je ne trouve pas, ma résolution est prise! Béchamel déshonoré devant son souverain... n'a plus qu'à mourir. Continuez.

LES PATRONNETS.

Mais...

BÉCHAMEL, sortant.

J'ai dit : Continuez!

LE CHOEUR.

Joyeux marmitons, etc.

Pâle et se soutenant à peine,
C'est Lulli... Qu'est-ce qui l'amène?

SCÈNE III.

LES MÊMES, LULLI.

LULLI.

AIR.

Perdu,
Pendu,
L'affaire
Est claire,
Je vous
Confie

Ma vie
A vous!

Tantôt,
Là haut
Perché,
Caché,
J'entends
Des gens
Qui passent,
Repassent;
Ce bruit
Me frappe,
J'échappe,
Je fuis!
La foule
Qui roule
Me fait
La chasse.
On sait
Ma trace;
Je cours
Toujours!
Bravant,
Trompant
Leurs cris
Maudits
Et leur
Fureur.
Mais vite
Un gîte;
Amis
Chéris,
Je vous
Confie
Ma vie
A vous!

LE CHOEUR.

Par ici! par ici!

LULLI.

Grand merci !

(Lulli sort. — Tous se remettent à la besogne.)

LE CHŒUR.

Joyeux marmitons, etc.

SCÈNE IV.

Les Patronnets, RISOTTO, VOL-AU-VENT, le Commissaire, Soldats du guet.

LE COMMISSAIRE.

Marmitons, patronnets, silence... et répondez. N'avez-vous pas vu un jeune seigneur... c'est-à-dire un bandit qui fuyait par ici?...

LES PATRONNETS.

Non... rien...

LE COMMISSAIRE.

Prodigieux !... nous étions sur sa trace, nous allions le saisir, lorsqu'il a disparu au bout de ce corridor qui longe cette cuisine.

LES PATRONNETS.

Nous n'avons vu personne !

LE COMMISSAIRE.

Prodigieux !... mais il n'échappera pas à mon œil de vautour ! quelle est cette porte?...

VOL-AU-VENT.

Celle de l'office de réserve.

LE COMMISSAIRE, à ses gens.

Voyez, messieurs, entrez.

RISOTTO, à part.

Il est perdu !
(Au même instant, Lulli sort en battant une crème, il a repris son costume de patronnet.)

SCÈNE V.

LES MÊMES ; LULLI.

LULLI.

Qu'est-ce donc ?... que se passe-t-il ?

LE COMMISSAIRE.

Encore un patronnet !... Dis-moi, petit, n'est-il entré personne dans ce caveau ?

LULLI.

Personne, voyez plutôt. (Sur un geste du commissaire, les gardes entrent dans le caveau. — Lulli à ses camarades.) Sauvé, je suis sauvé !

VOL-AU-VENT.

M. Béchamel aussi.

LULLI.

Béchamel ?...

RISOTTO.

Qui ne sait comment faire le sorbet du roi !

VOL-AU-VENT.

Va-t-il être content !... Nous allons lui annoncer que tu es de retour.

LULLI, battant sa crème.

Et que je suis à l'œuvre.

(Vol-au-Vent, Risotto et les patronnets sortent.)

SCÈNE VI.

LE COMMISSAIRE, ODODÉI, LULLI, dans le fond ; SOLDATS DU GUET.

LE COMMISSAIRE.

Prodigieux !... personne.

ODODÉI, entrant vivement par la droite.

Eh ! bien, le fougitif, l'avez-vous vu ?...

LULLI, à part.

Mon protecteur qui vient me défendre.

ODODÉI.

L'avez-vous arrêté ?

LULLI, écoutant.

Hein ?...

LE COMMISSAIRE.

Non, j'y perds mon savoir... il était au grenier... il était à la cave... vingt fois nous avons eu la main sur lui, mais crac !... il jouait des jambes et déroutait les nôtres.

ODODÉI.

Mort ou vif, ze le veux !

LE COMMISSAIRE.

Il ne peut être sorti de l'hôtel, dont les portes ont été immédiatement fermées ; nous finirons donc par l'atteindre... et alors, les ordres de Monseigneur...

ODODÉI.

Vous commencerez par le fouiller et m'apporter, sans les lire, les papiers qu'on trouvera sur lui.

LULLI, qui s'est approché tout en battant sa crème.

C'est bon à savoir.

LE COMMISSAIRE.

Et après?...

ODODÉI.

Vous le conduirez à M. le lieutenant de police, qui a l'ordre de jeter ce petit drôle dans quelque bonne prison.

LE COMMISSAIRE.

J'entends.

LULLI.

Et moi je comprends.

ODODÉI.

De sorte qu'il ne soit plus jamais question de lui.

LULLI, à voix basse à Ododéi et toujours battant sa crème.

Oui-da, mon associé, c'est ainsi que vis exécutez nos traités?

ODODÉI.

Qu'entends-je?... ô ciel! c'est lui!

LULLI, de même.

Loui-même, mon doux seigneur, qui, se doutant de votre trahison, n'avait eu garde de conserver sur lui ces papiers précieux.

ODODÉI.

Que dis-tu?...

18.

LULLI.

Fouillez-moi si vous voulez.

ODODÉI.

Ces lettres, qu'en as-tu fait?... je les veux...

LULLI, battant toujours sa crème.

Cela dépend de vous... D'abord, au lieu de deux mille pistoles, il m'en faut quatre mille comme gratification à mes camarades.

ODODÉI, avec colère.

Ah! petit fourbe!

LULLI.

Vous êtes mon maître... Et pouis...

ODODÉI, avec colère et curiosité.

Et puis?...

LULLI, battant toujours sa crème.

Je n'ai pas le temps de vous le dire en ce moment... ze souis occupé pour Sa Majesté. (Criant à ses camarades.) Mettez la glace dans les sorbetières, préparez les moules!

VOL-AU-VENT, criant à droite.

La glace dans les sorbetières.

ODODÉI, furieux.

Ah! c'en est trop.
Tant d'audace sera punie,
(Au commissaire.)
Qu'on l'arrête à l'instant!

LULLI, riant.

      Qui, moi?
Retenu dans ces lieux pour service du roi,
  Allons donc, je vous en défie!

ODODÉI.

Il m'en défie!

Ensemble.

ODODÉI, au commissaire.

En prison, en prison!
Que l'on serve ma vengeance,
Il aura le temps, je pense,
  D'y perdre la raison.

LULLI, railleur.

En prison, en prison!
Par bonheur, je puis, je pense,
Déjouer sans violence
Cette insigne trahison!

LE CHOEUR.

En prison, en prison!
Sans bruit et sans résistance,
Il faut nous suivre en silence
Dehors de cette maison.

SCÈNE VII.

Les mêmes; BÉCHAMEL, entrant et courant à Lulli; Patronnets et Marmitons.

BÉCHAMEL.

C'est lui, c'est lui!
Quoi, te voici,
Mon bon Lulli,
Mon cher ami!
Voici l'instant,
On nous attend,
Les entremêts
Sont déjà prêts;
Faut-il dresser

Et commencer
Notre service?

LULLI, toujours battant sa crème.

Non, un caprice
De la police
Veut m'arracher...

BÉCHAMEL.

Toi!
Arrêter le sorbet du roi!
Qui l'oserait?
Soldats du guet,
C'est vous tous que j'arrête!

Ensemble.

BÉCHAMEL, avec emphase.

Je tiens sur votre tête
La foudre et la tempête.
Mes patronnets, à moi!
Place au sorbet du roi!

LULLI.

Je puis, levant la tête
Défier la tempête!
Rangez-vous devant moi,
Place au sorbet du roi!

ODODÉI, regardant les soldats du guet.

Chacun courbe la tête
Et se trouble et s'arrête,
Lâche et frivole effroi
Qui retombe sur moi!

LES PATRONNETS à Lulli.

Oui, déjà la tempête
Se dissipe et s'arrête;
Plus de crainte ou d'effroi,
Nous voici près de toi.

LES SOLDATS DU GUET et LE COMMISSAIRE.

Craignons sur notre tête
D'appeler la tempête,
Faisons, dans notre effroi,
Place au sorbet du roi !

(Défilé sur la marche des marmitons. Les soldats présentent les armes.
Sortie triomphante de Lulli et des patronnets.)

Deuxième tableau.

Un salon, style Louis XIII. — A droite une grande porte donnant sur la salle à manger. Porte au fond.

SCÈNE VIII.

PHILIPPE, seul.

VILLANELLE.

Le matin qui s'allume
A dissipé la brume
Et devancé du jour
   Le gai retour !

Seul ici je soupire,
Quand tout semble sourire,
Quand la terre et les cieux
Se montrent si joyeux !

Le matin qui s'allume, etc.

Vient-il comme un présage
Me dire : prends courage,
Comme l'ombre des nuits
S'en iront tes ennuis !

Le matin qui s'allume
A dissipé la brume

Et promis un beau jour
A mon amour!

SCÈNE IX.

PHILIPPE, HORTENSE.

PHILIPPE.

Eh bien! quelles nouvelles?...

HORTENSE.

Mauvaises! le roi est là, la reine aussi; M. de la Vauguyon attend dans le salon voisin. Ma tante doit le présenter au moment où Leurs Majestés seront de belle humeur.

PHILIPPE.

Mais Lulli, que fait-il?

SCÈNE X.

Les mêmes; LULLI en habit de ville, entrant et tenant un plateau sur lequel sont posés trois sorbets. Deux petits Patronnets entrent avec lui et se tiennent au fond.

LULLI.

Il fait votre mariage.

PHILIPPE.

Ah! le temps nous presse et je n'espère qu'en toi... Qu'est-ce que tu tiens là?

LULLI.

Vous voyez : des sorbets; sorbet du roi! sorbet de la reine! sorbet du cardinal!

PHILIPPE.

Au diable les sorbets! il s'agit bien de ça... sais-tu que le dîner s'avance, que le moment approche.

LULLI.

Je sais, je sais... la preuve, c'est que je fais porter ces sorbets.

PHILIPPE.

Je te parle mariage, tu me réponds...

LULLI.

Sorbets... ça se tient.

HORTENSE.

Que dites-vous?...

LULLI.

Votre bonheur est là, dans ces trois petits verres.

PHILIPPE.

Il est fou!

HORTENSE.

Mais vous ne savez donc pas que ma tante a dans sa poche le contrat tout préparé... et qu'après le repas, qu'il a daigné accepter chez elle, le roi n'aura rien à lui refuser, il signera.

LULLI.

Peut-être!

SCÈNE XI.

Les mêmes ; Mme BEAUVAIS.

Mme BEAUVAIS, accourant.

Les sorbets du roi! servez vite.

LULLI.

J'y vais.

Mme BEAUVAIS, se trouvant face à face avec lui et poussant un cri.

Ah! mon voleur, ce petit scélérat qui cette nuit... chez moi... je le reconnais!

LULLI.

Vous croyez... (Tournant le dos à la salle à manger.) Alors, je m'en vais...

Mme BEAUVAIS.

Et ces sorbets, que Sa Majesté demande?

LULLI.

Je les emporte avec moi.

Mme BEAUVAIS.

Par exemple... c'est moi qui dois avoir l'honneur de les servir au roi! il me l'a permis.

LULLI.

Ils sont à moi, et je ne vous les livre qu'à une condition.

Mme BEAUVAIS.

De ne pas te faire pendre et de te pardonner!... Soit... donne.

LULLI.

Non, je veux être pendu... mais je veux auparavant vous voir déchirer, devant moi, un contrat que vous avez là dans votre poche.

Mme BEAUVAIS.

Eh! que t'importe ce contrat?

LULLI.

Eh! que vous importent ces sorbets?

Mme BEAUVAIS.

Comment?...

LULLI, voyant qu'elle veut se récrier.

Silence, ou je les mange.

Mme BEAUVAIS, hors d'elle-même.

Un crime de lèse-majesté!

SCÈNE XII.

Les mêmes; ODODÉI.

ODODÉI.

Eh bien! le roi attend.

Mme BEAUVAIS.

Le roi! ma tête se perd... tout mon plan renversé!

LULLI.

Dessirez... dessirez.

HORTENSE.

Oh! ma tante, déchirez...

PHILIPPE.

Pas pour nous, mais pour vous, pour vous seule.

Mme BEAUVAIS, déchirant le contrat.

Je déchire. (Elle prend vivement le plateau des mains de Lulli et entre dans la salle à manger à gauche.) Enfin, je suis sauvée !

SCÈNE XIII.

HORTENSE, LULLI, PHILIPPE, ODODÉI, deux Patronnets.

ODODÉI, souriant.

Elle est perdue ! (A part.) Tant mieux, car je n'aime pas les intrigants.

PHILIPPE et HORTENSE.

Comment cela ?...

ODODÉI, d'un air sournois.

Le roi et la reine mère ont l'air fort contents jusqu'ici du dîner... qui... il est fort beau en effet. Ma, la Beauvais, elle a oublié le principal.

LULLI, à part.

En vérité ?

ODODÉI.

Le roi, depuis quelque temps, il veut de la mousique après son dîner, il ne peut s'en passer ; la Beauvais ne le sait pas, je ne le lui ai pas dit, et quand tout à l'heure Leurs Majestés vont dire : Faites entrer les violons ; elle sera frappée de la foudre... elle échoue au port, et au lieu des compliments qu'elle attendait, voyez-vous d'ici la mauvaise humeur du roi !

(Pendant ce récit, Lulli a remonté le théâtre, il a parlé bas aux patronnets.)

LULLI, aux patronnets qui sortent.

Vous m'entendez... courez, la boutique en face, rue Guénégaud.

ODODÉI, se retournant.

Ah! te voilà, petit... (A demi-voix.) Ces lettres, je t'en supplie!

LULLI.

Elles seront remises à la reine et au cardinal... moyennant...

ODODÉI, vivement.

Quoi donc?...

SCÈNE XIV.

Les mêmes; Mme BEAUVAIS; puis tous les Patronnets.

Mme BEAUVAIS, sortant tout en désordre de la porte à gauche.

Des violons... un orchestre... où les trouver?

ODODÉI.

Qu'avez-vous donc?

Mme BEAUVAIS.

Le roi vient de dire : Faites commencer la symphonie!

ODODÉI.

Eh! oui sans doute... au dessert c'est l'usage maintenant! tout le monde vous le dira... c'est de rigoureuse étiquette.

Mme BEAUVAIS.

Et vous ne m'en avez pas prévenue?

ODODÉI.

Je n'y ai pas pensé, je souis si distrait.

Mme BEAUVAIS.

C'est fait de moi... et à moins d'un miracle...

LULLI.

Et si je le faisais, ce miracle.

Mme BEAUVAIS.

Qui, toi?... oh! ta grâce... plus encore... ta fortune!

LULLI, montrant Philippe et Hortense.

Rien pour moi, tout pour eux.

Mme BEAUVAIS.

Parle... mais cet orchestre?...

LULLI.

Regardez...
(Tous les patronnets commencent à défiler, ils tiennent chacun un violon et un archet; l'orchestre joue la marche des marmitons.)

TOUS.

Ah! bah!

Mme BEAUVAIS.

C'est de la sorcellerie... n'importe... qu'ils commencent!

LULLI.

Non, le premier coup d'archet ne partira que quand vous aurez marié ces jeunes gens.

Mme BEAUVAIS.

Philippe, un homme sans aïeux... impossible!

LULLI.

Bah! il aura des descendants... Quant à sa position, (Montrant Ododéi.) grâce au signor, il en a une, une belle place dans les aides ou dans les fermes générales. (Bas à Ododéi.) Vous la lui accorderez... (Tendant la main à Philippe qui lui remet le paquet de lettres.) en échange de ces lettres... que vous aurez... mais après.

ODODÉI.

Il aura la place dès demain.

LULLI, à madame Beauvais.

Vous l'entendez... il cède... vous aussi?

PHILIPPE et HORTENSE.

Ma tante!

LULLI.

Vi voyez... ils s'adorent... et le roi s'impatiente.

Mme BEAUVAIS, vivement.

Je consens.

LULLI, donnant le signal de l'attaque.

Une... deux... trois!

FINALE.

(Symphonie pendant laquelle on exécute cet ensemble.)

Ensemble.

LULLI.

Honneur à Jean-Baptiste!

Non, rien ne lui résiste;
Et, fidèle à son plan,
Il parle, tout lui cède
Et le beau temps succède,
Succède à l'ouragan!

HORTENSE et PHILIPPE.

Brave et joyeux artiste,
Non, rien ne lui résiste,
Et, fidèle à son plan,
Il parle, tout lui cède
Et le beau temps succède,
Succède à l'ouragan!

ODODÉI et Mme BEAUVAIS.

Ah! vraiment, c'est fort triste,
C'est en vain qu'on résiste
A ce petit Satan!
Il faut que tout lui cède,
Et je crains qu'il possède
Un secret talisman.

SCÈNE XV.

Les mêmes; BÉCHAMEL.

(Musique en sourdine à l'orchestre.)

BÉCHAMEL.

Mais qui diable m'a volé mes marmitons?... Que vois-je?... (A Lulli.) Ah! misérable, tu fais encore des tiennes!

LULLI.

Et je m'en vante.

PHILIPPE.

Silence! le roi applaudit.

LES PETITS VIOLONS DU ROI

HORTENSE.

La reine aussi,

Mme BEAUVAIS, ravie.

Quel triomphe!

PHILIPPE.

Mais paix donc!... ils demandent l'auteur de cette symphonie!

LULLI, s'élançant.

Et ze vais le leur dire... jouez toujours... jouez piu fort.

Ensemble.

LE CHŒUR.

Honneur à Jean-Baptiste! etc.

HORTENSE et PHILIPPE.

Brave et joyeux artiste, etc.

ODODÉI et Mme BEAUVAIS.

Ah! vraiment, c'est fort triste, etc.

(Lulli reparaît tout rayonnant de joie.)

LULLI.

Mes amis... mes amis... j'ai vu le roi de France, il m'a parlé.

TOUS.

O ciel!

LULLI.

« De qui est cet excellent sorbet? — De moi, sire. — Et cette excellente musique? — Touzours de moi. — Alors-tu peux me demander tout ce que tu voudras... » Et moi j'ai demandé... j'ai demandé beaucoup.

TOUS.

Quoi donc?

LULLI, à madame Beauvais.

Pour vous le titre de baronne.

Mme BEAUVAIS, chancelant.

Le rêve de toute ma vie! soutenez-moi... je chancelle...

LULLI, à ses amis.

Pour vous, mes amis, la place de musiciens ordinaires de Sa Majesté; vous serez désormais les petits violons du roi!

LES PATRONNETS.

Vive le roi! Vive le roi!

LULLI à Ododéi.

Quant à vous dont z'avais à me venzer...

ODODÉI, tremblant.

Qu'as-tu fait?...

LULLI, changeant de ton et rapidement.

J'ai remis les lettres en question au cardinal ministre... vis aurez vos dix mille pistoles.

ODODÉI.

Tiens! tu es un amour... merci!

Mme BEAUVAIS.

Merci!

HORTENSE, PHILIPPE et LES PATRONNETS.

Merci! merci!

BÉCHAMEL, à part.

Et dire que tout cela est sorti de ma cuisine !

LE CHOEUR, reprenant le motif du premier acte.

Vive la musique, etc.

TABLE

—

	Pages.
La Chatte métamorphosée en Femme.	1
Broskovano.	49
Les Trois Nicolas.	117
Les Petits violons du Roi.	231

Soc. d'imp. Paul Dupont, Paris, 41, r. J.-J.-Rousseau 359.9.80.

www.ingramcontent.com/pod-product-compliance
Lightning Source LLC
Chambersburg PA
CBHW060512170426
43199CB00011B/1426